DENIS ROBERT YAN LINDINGRE LAURENT ASTIER

L'AFFAIRE DES AFFAIRES

1. L'ARGENT INVISIBLE

DARGAUD

PARIS • BARCELONE • BRUXELLES • LAUSANNE • LONDRES • MONTREAL • NEW YORK • STUTTGART

TOUTE SOCIÉTÉ HUMAINE REPOSE SUR UN SYSTÈME.
DANS LES SYSTÈMES LES MIEUX RODÉS, LES PIÈCES S'EMBOÎTENT LES UNES DANS LES AUTRES ET LES HOMMES SONT SI COMPLÉMENTAIRES QU'IL NE SUBSISTE PLUS D'ESPACE POUR L'ÉTRANGE.
LES INDIVIDUS AGISSENT AVEC UNE PRÉCISION MÉCANIQUE POUR ÉVITER LE DOUTE.
LE PROFIT MAXIMAL EST GÉNÉRALEMENT L'OBJECTIF À ATTEINDRE.
PLUS LE PROFIT EST GRAND, PLUS LE SYSTÈME AURA MONTRÉ SON EFFICACITÉ.
CES SYSTÈMES FONCTIONNENT SUR LE CULTE DU SECRET ET LE RITE DE L'INITIATION.
LE BON DÉCIDEUR DOIT RESTER VIGILANT ET S'ENTOURER D'INITIÉS À QUI IL DIVULGUERA CE QU'IL SAIT, MAIS AUSSI CE QU'IL TAIT.
L'ÉQUILIBRE DE CES SYSTÈMES RESTE FRAGILE CAR UN MINUSCULE GRAIN DE SABLE PEUT TOUT DÉRÉGLER.
APPELONS ÇA L'ÉLÉMENT INCONTRÔLABLE OU LE FACTEUR HUMAIN.
LA PARTICULARITÉ DES SYSTÈMES LES MIEUX RODÉS EST QU'ILS S'INTERPÉNÈTRENT ET SE PROTÈGENT.
AUCUN SYSTÈME N'EST HERMÉTIQUE.
LE DYSFONCTIONNEMENT D'UN ÉLÉMENT PEUT AU FINAL, SI LES BONNES DÉCISIONS NE SONT PAS PRISES, CONTAMINER D'AUTRES SYSTÈMES.
SCÉNARIO
DENIS ROBERT
STORY-BOARD
YAN LINDINGRE
DESSIN
LAURENT ASTIER
L'AFFAIRE DES AFFAIRES
Tome 1 - L'argent invisible

PLUS UN SYSTÈME EST GRAND ET INTERCONNECTÉ, PLUS UN GRAIN DE SABLE PEUT EN AGGLOMÉRER D'AUTRES, PROVOQUER DES DÉGÂTS ET NUIRE AU FONCTIONNEMENT DU SYSTÈME. DONC DU BUSINESS.
L'ENNEMI À ABATTRE DANS CE CAS RESTE L'INFORMATION. PLUS CELLE-CI SE PROPAGERA, PLUS LE SYSTÈME SERA EN DANGER. LE BOULOT DES DÉCIDEURS EST ALORS D'AGIR VITE ET DISCRÈTEMENT.
ILS DOIVENT DÉTERMINER L'ORIGINE DE L'AGRESSION, DÉLIMITER SON AMPLEUR PUIS ÉLIMINER SON OU SES AUTEURS.
PLUS LES DÉCIDEURS AGIRONT VITE ET DISCRÈTEMENT, MIEUX LE SYSTÈME SERA PROTÉGÉ.
L'ÉLIMINATION N'EST PAS UNE FIN EN SOI. ELLE N'EST PAS FORCÉMENT PHYSIQUE ET PEUT ÊTRE SYMBOLIQUE.
EN CAS D'IMPOSSIBILITÉ, LE BUT SERA DE CIRCONSCRIRE L'AGRESSION. D'INTERFÉRER SUR L'INFORMATION ET DE JOUER SUR LE FACTEUR TEMPS.
AVEC MOI, ILS EN ONT PERDU BEAUCOUP.
JE SUIS LE FACTEUR HUMAIN D'UNE HISTOIRE COMPLEXE, IMPROBABLE ET PROTÉIFORME DONT PERSONNE NE PEUT PRÉVOIR L'ISSUE.
CETTE HISTOIRE EST UNIVERSELLE.
MARKER

6 MAI 2006
PARIS
FRANCE
CHAPITRE 1
Le Croc de
Boucher

POURVU QUE JE NE PARLE NI DE L'AUTORITÉ, NI DE LA POLITIQUE, NI DE LA MORALE, NI DES GENS EN PLACE, NI DE L'OPÉRA, NI DES AUTRES SPECTACLES, JE PUIS TOUT IMPRIMER LIBREMENT, SOUS LA DIRECTION, NÉANMOINS, DE DEUX OU TROIS CENSEURS.

BEAUMARCHAIS

6 MAI 2006 - PALAIS DE L'ÉLYSÉE.
MONSIEUR LE PRÉSIDENT, JE CROIS QUE NOUS AVONS TERMINÉ ...
MAIS JE N'OUBLIE PAS, QUE LE PLAN DE LUTTE CONTRE LE CANCER FAIT PARTIE DE VOS PRIORITÉS ...
... ET NOUS NOUS FAISONS UN POINT D'HONNEUR À ...
OUI, C'EST ÇA, DOMINIQUE ! ARRÊTONS-NOUS LÀ !!!
MESDAMES, MESSIEURS LES MINISTRES, CE CONSEIL EST TERMINÉ !
EUH, MONSIEUR LE PRÉSIDENT ?!? NE DEVIONS-NOUS PAS ÉVOQUER LA REMISE DU RAPPORT DE LA BANQUE DE FRANCE ?
ON VOUS LE FERA PARVENIR, BRETON.

C'EST QUOI CE BORDEL, DOMINIQUE ?!?
ÇA PERQUISITIONNE À TOUT VA, MAINTENANT ?!?
JE TROUVE ABSOLUMENT INACCEPTABLE QUE MICHÈLE AIT LAISSÉ LES JUGES METTRE LEUR NEZ À LA DÉFENSE ...
POUR QUI ON PASSE À L'ÉTRANGER !?! DITES-MOI !
LA DGSE, LA DST, TOUT Y PASSE ... ET PUIS QUOI ENCORE ?
IL FALLAIT REFUSER QU'ELLE ENVOIE LES JUGES AU DIABLE !!!
MAIS POUR QUI SE PRENNENT-ILS, CES SHÉRIFS ...
JE SAIS, MONSIEUR LE PRÉSIDENT.
ET CLÉMENT ? IL FAIT QUOI PASCAL CLÉMENT ?
MONSIEUR LE PRÉSIDENT, JE ...
TENEZ VOS TROUPES, QUE DIABLE !

AH ! PASCAL, S'IL VOUS PLAÎT ?
MONSIEUR LE GARDE DES SCEAUX, EST-CE QUE JE PEUX SAVOIR CE QUI SE PASSE ?
MONSIEUR LE PRÉSIDENT, JE ... HEU ... C'EST UN PEU COMPLIQUÉ ...
VOTRE MINISTRE DE L'INTÉRIEUR S'EST CONSTITUÉ PARTIE CIVILE ET ...
OÙ EST NICOLAS ?!
JE ... BEUH ...
ESSAYONS D'ÊTRE UN PEU PLUS RÉACTIFS, PASCAL !!!
OUICH
BON ! DOMINIQUE, JE COMPTE SUR TOI POUR LE DIRE À MICHÈLE ...
... JE NE VEUX PLUS VOIR UN JUGE PÉNÉTRER DANS UN MINISTÈRE OU UN SERVICE SECRET.
AFFAIRE "CLEARSTREAM" OU PAS !
ON EST BIEN D'ACCORD ?!?
OUI, MONSIEUR LE PRÉSIDENT !

MICHÈLE ! MICHÈLE !!! JE PEUX TE VOIR AVANT DE PARTIR ...
ON PASSE CHEZ MON AVOCAT AVANT D'ALLER À BEAUVAU ...
PRENEZ LA RUE À GAUCHE ET PASSEZ-MOI LE TÉLÉPHONE !
THIERRY, QU'EST-CE QUI SE PASSE ?!! ALORS, T'AS DU NOUVEAU ?!?
LES CARNETS DU GÉNÉRAL RONDOT ONT ENFIN PARLÉ ...
... ON DIRAIT QUE LE JOURNALISTE N'EST PAS TRÈS CLAIR DANS CETTE HISTOIRE.
QUI ÇA ? ROBERT ?... DENIS ROBERT ?
L'ESPÈCE DE GAUCHISTE ?!?
D'APRÈS LES CARNETS, IL SEMBLE QU'IL AIT DONNÉ LES LISTINGS DE CLEARSTREAM ... ET QU'IL INFORMAIT RÉGULIÈREMENT LAHOUD DE CE QUE FAISAIT LE JUGE.

*CETTE ANECDOTE EST CITÉE PAR FRANZ-OLIVIER GIESBERT DANS SON LIVRE « LA TRAGÉDIE DU PRÉSIDENT » (FLAMMARION, 2006) ET LARGEMENT REPRISE PAR LA PRESSE. ELLE N'A JAMAIS ÉTÉ DÉMENTIE PAR LE PRINCIPAL INTÉRESSÉ (NDA).

HA HA HA !
BON, J'ARRIVE !
TU M'AS PRÉPARÉ
LE DOSSIER ?

OUI, NICOLAS !
VILLE PARIS

CHAPITRE 2
Montée d'Adrénaline
6 MAI 2006
HERSONISSOS
CRÈTE

À MON AVIS, LA RAISON POUR LAQUELLE JE N'AI JAMAIS FAIT UN "BON" JOURNALISTE, C'EST QUE JE PASSE TROP DE TEMPS À RÊVER À UNE VIE MEILLEURE ...

LE LENDEMAIN, EN CRÈTE...
VOUS N'AVEZ PAS FINI DE VOUS BÂFRER, TOUS LES DEUX !?!
CRUM CRUM
AH, T'AS VU ! C'EST BIEN CE QUE JE DISAIS ...
SCRONTCH CHOMP
TU DONNES UN SUPER EXEMPLE À TON FILS ...
ET TON CHOLESTÉROL, PAPA ?!?
OH, LES FILLES ... C'EST LES VACANCES.
ALLEZ ! JUSTE UN PETIT DERNIER. APRÈS, J'ARRÊTE ...
SSA ?
... INTERROGÉ CE MATIN SUR EUROPE 1, LE PREMIER MINISTRE DOMINIQUE DE VILLEPIN CONSIDÈRE QUE SON IMPLICATION DANS CETTE AFFAIRE RELÈVE DU LYNCHAGE ET N'EST QU'UN TISSU DE CALOMNIES ...

MONSIEUR LE PREMIER MINISTRE ...
MONSIEUR LE PREMIER MINISTRE ...
MONSIEUR LE PREMIER MINISTRE ...
QUE CHACUN LAISSE LA JUSTICE FAIRE SEREINEMENT SON TRAVAIL !
JE RÉPONDRAI À TOUTES LES QUESTIONS.
BON, ALLEZ ! ON VA SE BAIGNER ?!?
EN DIRECT DE MATIGNON...
PUTAIN, ÇA CHIE EN FRANCE.
ON EST MIEUX LÀ, NON ?
OUAIS !
VOUS FAITES QUOI DANS LA VIE ?
RIEN ... JE ...
IL S'OCCUPE DE SES ENFANTS !!!
Z'ÊTES PAS LE JOURNALISTE DE L'AFFAIRE ... EUH ... COMMENT QU'ILS DISENT DÉJÀ, CHÉRIE ?
MILKSTREAM ?!?
NAAN ...

... CLEARSTREAM ! C'EST BIEN MOI !!! MAIS ÇA RESTE ENTRE NOUS ...
GLI !
EUH ... OUI, OUI ! 'POUVEZ COMPTER SUR MOI !!!
GÉRONIMO
M'SIEU ROBERT ?
OUI !
... C'EST TF1 POUR VOUS !
NON, CE N'EST PAS LA PEINE DE VENIR. JE N'AI PAS GRAND-CHOSE À DIRE.
JE SAIS PEU DE CHOSES SUR CE CORBEAU ...
CERTAINS TRUCS QU'IL DIT ONT L'AIR DE SE TENIR ...
NON ! CLEARSTREAM N'EST PAS UNE BANQUE. C'EST PLUS COMPLIQUÉ ...
SI VOUS LE VOULEZ BIEN, ON PEUT SE RAPPELER PLUS TARD ... OUI, C'EST ÇA ! À BIENTÔT !
DÉSOLÉ ! JE NE SAIS PAS COMMENT ILS ONT TROUVÉ LE NUMÉRO ...

M'SIEU ROBERT ! M'SIEU ROBERT !?!
C'EST "LE CANARD ENCHAÎNÉ" POUR VOUS !!!
OUI, SALUT, HERVÉ !
NON, JE NE SAVAIS PAS QU'ON AVAIT RETROUVÉ LES CARNETS DE RONDOT ...
SUPER, LES VACANCES !
TU VEUX PAS ORGANISER UN DÎNER-DÉBAT DANS L'HÔTEL TANT QU'ON Y EST ?!?
MAIS JE ...
... J'Y COMPRENDS VRAIMENT RIEN ?!?

DRRINNNNN
OUINNN
ALLÔ ?
QUI ÇA ?
UN AVOCAT ?!?
MAIS DITES-LUI D'ALLER SE FAIRE VOIR !
VLAM

DENIS ! OÙ TU VAS ?
RECEPTION
M'SIEU ROBERT, M'SIEU ROBERT...
... C'EST DE LA FOLIE, ICI !!!
DRINN
DRINN DRINN
DRINN DRINN
DRINN
FRENCH
AFFAIRE CLEARSTREAM
Nicolas Sarkozy déclare : "Je collerai le corbeau à un croc de boucher !"
MAIS T'ÉTAIS OÙ ? ON VA RATER L'AVION !
REGARDE ÇA !
IL Y A CLEARSTREAM À TOUTES LES SAUCES !
"LE GÉNÉRAL RONDOT PARLE !", ET SARKOZY, VILLEPIN...
J'Y COMPRENDS PLUS RIEN !!!
Le Mon
Libé

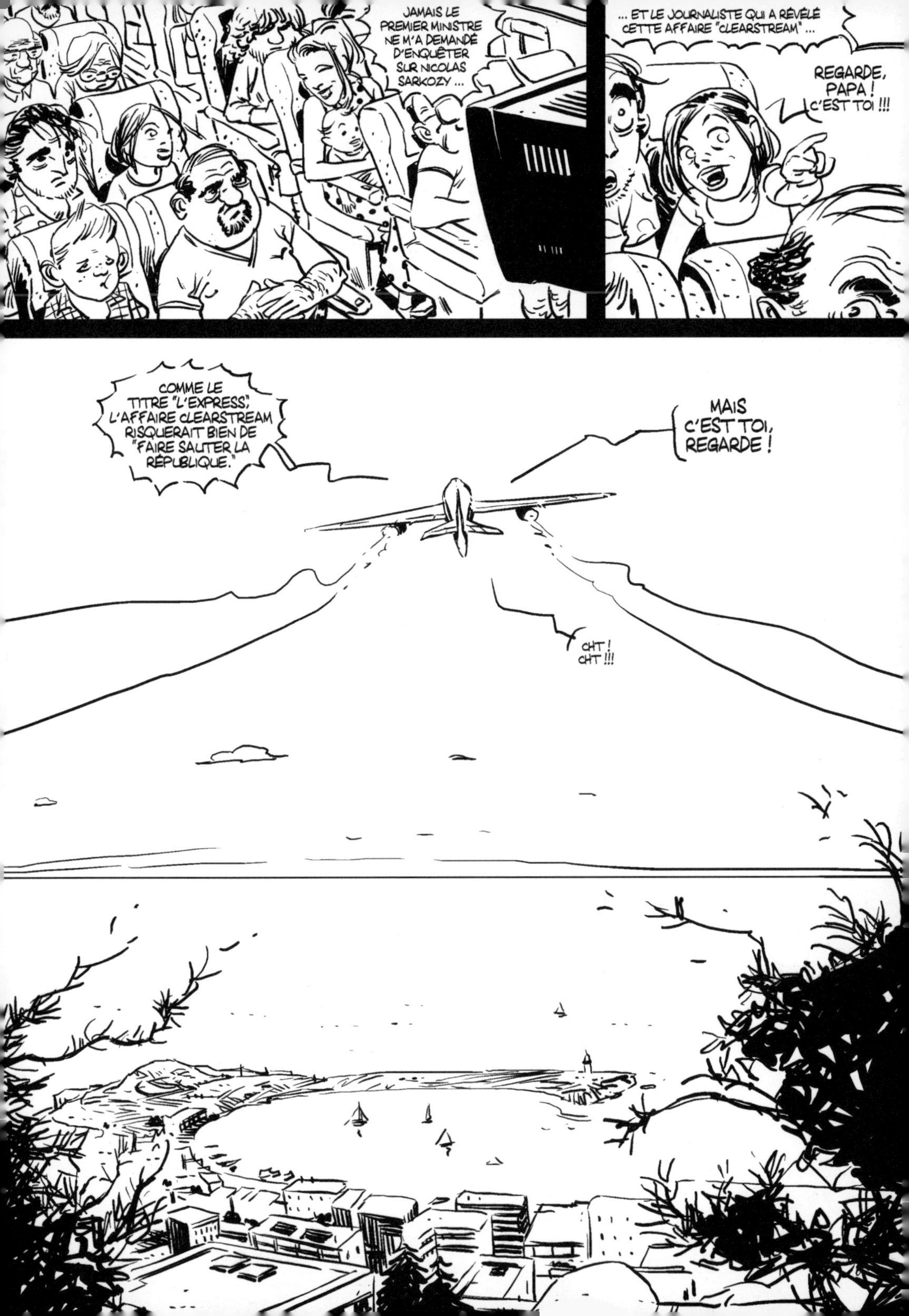
JAMAIS LE PREMIER MINISTRE NE M'A DEMANDÉ D'ENQUÊTER SUR NICOLAS SARKOZY ...
... ET LE JOURNALISTE QUI A RÉVÉLÉ CETTE AFFAIRE "CLEARSTREAM" ...
REGARDE, PAPA ! C'EST TOI !!!
COMME LE TITRE "L'EXPRESS," L'AFFAIRE CLEARSTREAM RISQUERAIT BIEN DE "FAIRE SAUTER LA RÉPUBLIQUE."
MAIS C'EST TOI, REGARDE !
CHT ! CHT !!!

AÉROPORT DE METZ-NANCY LORRAINE.
HÉ, REGARDEZ ! C'EST TONTON PASCAL !!!
TUT TUT
ALORS, C'ÉTAIT BIEN LES VACANCES ?!?
SUPER ! PAPA ÉTAIT TOUT LE TEMPS AU TÉLÉPHONE ...
DIS, PASCAL, FAUDRAIT QU'ON SE GROUILLE ! JE DOIS ÊTRE À LUXEMBOURG À 14 HEURES ...
ALLEZ !
À FOND LA CAISSE !

METZ
C'EST DINGUE COMMENT CETTE AFFAIRE DE CORBEAU A ÉCLIPSÉ LA VRAIE AFFAIRE CLEARSTREAM ?!?
OUAIS !
ET T'AS ENTENDU ? SARKOZY DIT QU'IL N'A JAMAIS ENTENDU PARLER DE CLEARSTREAM AVANT ...
C'EST N'IMPORTE QUOI !!!
ÇA POURRAIT AU MOINS PERMETTRE D'EXPLIQUER CE QU'EST UNE CHAMBRE DE COMPENSATION ...
PFF ... TU NE CROIS PAS QUE C'EST UN COUP MONTÉ POUR ÉTOUFFER NOTRE ENQUÊTE ?
NON ! FAUT PAS EXAGÉRER ...
C'EST SURTOUT UN COUP MONTÉ POUR RUINER NOS VACANCES !
T'IMAGINES QU'HIER, J'AI ÉTÉ OBLIGÉ DE PASSER UNE HEURE À EXPLIQUER À UN MEC DE TF1 CE QU'EST CLEARSTREAM ...
J'AI COMMENCÉ PAR LUI DIRE QUE LES GENS ONT DES COMPTES DANS UNE BANQUE ...
... ET QUE LES BANQUES ONT DES COMPTES CHEZ CLEARSTREAM ...

ENSUITE, JE LUI AI DIT QUE NOTRE ENQUÊTE AVAIT MONTRÉ QUE, PARMI CES COMPTES, CERTAINS SONT NON-PUBLIÉS. ET QUE ÇA POURRAIT OCCASIONNER TOUTES LES DÉRIVES ...
ON POURRAIT PARLER DE ÇA PLUS TARD ? JE SUIS UN PEU CLAQUÉ, LÀ ...
LES JOURNALISTES SE FOUTENT COMPLÈTEMENT DE NOTRE TRAVAIL ... TOUT CE QUI LES INTÉRESSE, C'EST DE SAVOIR SI SARKOZY A UN COMPTE CHEZ CLEARSTREAM ...
C'EST VRAIMENT NAVRANT !
TU VEUX QUE JE T'EMMÈNE À LUXEMBOURG CET APRÈM' ?
NON, JE ME DÉBROUILLERAI ! T'INQUIÈTE PAS !!!

9 MAI 2006
LUXEMBOURG
CHAPITRE 3
Joyeux
Anniversaire

JE PASSE TROP DE TEMPS
À RÉFLÉCHIR À CE QUI M'ARRIVE.
JE N'ÉCRIS JAMAIS CE QUE
LES GENS ATTENDENT DE MOI.
PARFOIS, JE N'ÉCRIS RIEN.
C'EST SÛR, ÇA PEUT ÉNERVER ...
BONJOUR, MONSIEUR ROBERT ...

PALAIS DE JUSTICE DE LUXEMBOURG-VILLE - 14H01.
MONSIEUR ROBERT, SAVEZ-VOUS POURQUOI VOUS ÊTES LÀ ?!?
CHEZ MOI, CE TYPE DE QUESTION PEUT OFFRIR UN ÉVENTAIL ÉTENDU DE RÉPONSES ...
"VOUS VOULEZ QUE VOTRE GREFFIÈRE SORTE OU VOUS PRÉFÉREZ QU'ON COMMENCE TOUT DE SUITE ?"
LES JUGES D'INSTRUCTION, D'UNE MANIÈRE GÉNÉRALE, MANQUENT D'HUMOUR. LES LUXEMBOURGEOIS, AUSSI. ALORS LES JUGES LUXEMBOURGEOIS ...
"VOUS POURRIEZ RÉPÉTER LA QUESTION ?"
NE PAS JOUER AU CON, NI FROISSER SON EGO ET SON JOLI TAILLEUR BLEU. SURTOUT, ÉVITER LES EMMERDEMENTS. SE COULER DANS L'AIR DU TEMPS ...
SI JE NE VEUX PAS ME RETROUVER EN TAULE, MIEUX VAUT RESTER DISCRET, POLI, BENÊT.
ALORS JE LEUR AI PRÉFÉRÉ UN DE CES LACONIQUES :
"OUI !"
ENFIN JE CROIS AVOIR UNE VAGUE IDÉE ...
JE VOUS INCULPE POUR INJURES ET DIFFAMATIONS !!!
CHOUETTE ! PILE LE JOUR DE MON ANNIVERSAIRE !!!
BIEN ! ALORS MA GREFFIÈRE VA VOUS LIRE LES PASSAGES LITIGIEUX DE VOTRE LIVRE ...

" APRÈS AVOIR PASSÉ D'INNOMBRABLES HEURES À RECOUPER LES DONNÉES ET RECHERCHER LES VIREMENTS, ERNEST A TROUVÉ L'AIGUILLE DANS LA MEULE DE FOIN DES COMPTES DE CLEARSTREAM "
" IL NOTE AVEC CERTITUDE, DANS LA JOURNÉE DU 8 AOÛT 1991, UN VIREMENT DE 100 MILLIONS DE FRANCS ENTRE UNE BANQUE MAFIEUSE, LA BCCI, ET UN COMPTE LUXEMBOURGEOIS DE LA BGL "
" IL S'AGIT D'UN PREMIER VIREMENT ILLÉGAL QUI EST PASSÉ PAR CLEARSTREAM ... EN D'AUTRES TERMES, UN DÉTOURNEMENT DE FONDS, PUISQUE LA BANQUE PAKISTANAISE ÉTAIT SOUS SÉQUESTRE ET DANS L'INTERDICTION D'EXERCER ... "
...
OUI, JE ME RAPPELLE TRÈS BIEN AVOIR ÉCRIT ÇA !!! JE ME SUIS TROMPÉ, MAIS C'EST VIEUX DE CINQ ANS ...
JE NE COMPRENDS PAS ?!?
LA BANQUE DE DÉPART ÉTAIT BIEN MAFIEUSE, NON ?
M. ROBERT !
JE SAIS, M. ROBERT, MAIS UNE PLAINTE AVAIT ÉTÉ DÉPOSÉE CONTRE VOUS EN 2001 ET IL NOUS A FALLU LE TEMPS D'ENQUÊTER ...
ET LE VIREMENT A BIEN EU LIEU VERS DES CLIENTS PRIVILÉGIÉS ALORS QUE TOUS LES ÉPARGNANTS ÉTAIENT SPOLIÉS ?!?
CE N'EST PAS CE QUI EST EN CAUSE !
EH BIEN C'EST QUOI ALORS ?
VOUS AVEZ ÉCRIT "ILLÉGAL".
ET ALORS ?
ET ALORS, LE VIREMENT AVAIT ÉTÉ AUTORISÉ PAR LE TRIBUNAL D'ARRONDISSEMENT DE LUXEMBOURG ...
JE SAIS, JE VOUS DIS QUE JE ME SUIS TROMPÉ MAIS CE N'EST PAS TRÈS GRAVE.
SI !

QUEL PAYS DE CINGLÉS !?!
ET DIRE QU'ILS NE VEULENT PAS ÊTRE ESTAMPILLÉS "PARADIS FISCAL" ...
L'ENFER EST ICI !
C'EST PAS VRAI ... 40 EUROS ?!?
ET POUR 10 MIN DE DÉPASSEMENT ?!?
DU FRIC ! DU FRIC ! DU FRIC !
ILS N'ONT QUE ÇA DANS LE CIBOULOT !!!
HIEN ASS VERRECKT !
HECKEN FRANSOUS !!!
VROO
CLIC

EXCLUSIF RTL ... DANS L'AFFAIRE CLEARSTREAM, NOUS APPROCHONS PEUT-ÊTRE DU BUT. LES FAMEUX CARNETS DU GÉNÉRAL RONDOT SAISIS PAR LES JUGES ONT ENFIN PARLÉ ...
TIENS DONC !
LES MAGISTRATS SERAIENT SUR LE POINT DE COINCER LE CORBEAU QUI MET LA FRANCE EN ÉMOI ...
QUI A ENVOYÉ LES LETTRES AU JUGE VAN RUYMBEKE ? C'EST EN EFFET LA QUESTION ...
FRAN
METZ
DOUANE
ZOLL
BIIP BIIP BIIP
IL SUFFIT QU'ON PASSE LA FRONTIÈRE POUR QUE TU TE RÉVEILLES, TOI !
BIIP BIIP
30 nouveaux messages
boîte vocale pleine
BONJOUR, C'EST GILBERT ! TU PEUX ME RAPPELER. IL PARAÎT QUE ÇA CHAUFFE POUR TOI ... SALUT, C'EST LAURENT AU "POINT", IL PARAÎT QUE C'EST TOI LE CORBEAU ...
LAURENCE DEQUAY À "MARIANNE" ! POURRIEZ-VOUS ME RAPPELER, S'IL VOUS PLAÎT ? JE DOIS BOUCLER UN ARTICLE OÙ VOUS ÊTES MIS EN CAUSE ... ALLÔ, VIEILLE BITE, C'EST MARCEL ! ALORS, ILS T'ONT PAS MIS EN TAULE, LES LUXOS ? HÉ HÉ ...
BONJOUR, C'EST VALDIGUIÉ AU "PARISIEN"...
OIL
BONJOUR, C'EST FRANCK COGNARD À FRANCE INFO ! VOUS POURRIEZ ME RAPPELER, S'IL VOUS PLAÎT ... ALLÔ, DENIS ? C'EST TA MÈRE ! BEN, BON ANNIVERSAIRE, MON GRAND ... OUI, BONJOUR ! ICI JEAN-MARIE PONTAUD DE "L'EXPRESS" ! JE TERMINE UN PAPIER POUR DEMAIN ... SALUT, C'EST RENAUD À "LIBÉ" ... OUI, C'EST ENCORE LAURENCE ! EST-IL EXACT QUE VOUS AVEZ VENDU LES CD-ROM DE CLEARSTREAM ...

BIIP BIIP
... 18 H 45 ... LE JOURNAL ...
LE PREMIER MINISTRE POURRAIT ÊTRE MIS EN EXAMEN, MAIS LA FALSIFICATION DES FICHIERS DE LA BANQUE...
BIIP BIIP
... LE JOURNALISTE DENIS ROBERT POURRAIT ÊTRE À L'ORIGINE DES LETTRES ...
KOF
PUTAIN, MAIS JE RÊVE !!!
BIIP
OUI, ALLÔ ! FRANCK COGNARD, FRANCE INFO ... MERCI D'AVOIR BIEN VOULU DÉCROCHER !!!
C'EST UN PEU DÉLICAT, MAIS ...
... ON VOUS SOUPÇONNE D'AVOIR POSTÉ LES ENVELOPPES DES LISTINGS.
france info
MAIS QUI ME SOUPÇONNE ?
C'EST QUOI ENCORE CES CONNERIES ?!?
JE SUIS SÉRIEUX, CE NE SONT PAS DES CONNERIES...
SINON, JE NE VOUS APPELLERAIS PAS !

SI, C'EST DES CONNERIES ! JE N'AI RIEN POSTÉ DU TOUT !!!
POURTANT, LES JUGES ...
QUOI, LES JUGES ?
SELON MES SOURCES, ILS ONT DES ÉLÉMENTS DÉMONTRANT QUE VOUS ÊTES TRÈS LIÉ À LA MANIPULATION ...
JE CONNAIS LAHOUD, C'EST TOUT !
france info
OUI, MAIS LE JUGE VAN RUYMBEKE NE VOUS A JAMAIS DEMANDÉ DE PETITS SERVICES ?
ATTENDEZ ... JE ... JE VOUS RAPPELLE ...
ÉCOUTEZ ! JE VOUS JURE QUE JE N'AI RIEN À VOIR AVEC CES LETTRES ET CE CORBEAU ...
MAIS ENFIN, COMMENT VOULEZ-VOUS QUE JE LE PROUVE ? JE VOUS LE DIS, C'EST TOUT !!!
TRÈS BIEN, MERCI ! AU REVOIR ...

FLASH
...
BON ANNIVERSAIRE !
... Z'AVEZ FAILLI ME FOUTRE LES JETONS !?!
QU'EST-CE QUE TU AS ? T'ES PAS CONTENT ?!?
... J'AI EU UNE JOURNÉE UN PEU DIFFICILE.
SI, SI MAIS ...
TOUDI DUM TOUDI DUDUM
ALLEZ ! FAIS PAS LA TÊTE, BOIS UN COUP !
JE TE SERS QUOI ? UNE BIÈRE ?!?

T'AURAIS PAS QUELQUE CHOSE DE PLUS FORT ?!?
JUSTEMENT, JE T'AI RAMENÉ UN VIEUX WHISKY. UN PUR MALT, TRÈS TOURBÉ ...
TU M'EN DIRAS DES NOUVELLES !!!
EN FAIT, T'ÉTAIS PLUS PEINARD QUAND TU BOSSAIS À "LIBÉ", NON ?
P'TÊT' BIEN ...
ALLEZ, ALLEZ ! 46 PIGES ET UNE MISE EN EXAMEN À LUXEMBOURG, ÇA SE FÊTE !!!
PROSIT !
IL EST BON TON WHISKY, FRANÇOIS !
OH NON, PUTAIN ! J'AI ENCORE RIEN BOUFFÉ ...

MAIS COMMENT J'EN SUIS ARRIVÉ LÀ, BON SANG !
ÇA A COMMENCÉ QUAND, TOUT ÇA ?
C'ÉTAIT BIEN AVANT LES MISES EN EXAMEN ...
... AVANT LES JUGES D'INSTRUCTION ...
... AVANT LES HUISSIERS ...

JE N'AI JAMAIS ÉTÉ AUSSI HEUREUX QUE LE JOUR OÙ J'AI GAGNÉ LE TICKET RETOUR COMME CORRESPONDANT DANS L'EST. CHEZ MOI.
J'AI FAIT LA ROUTE AVEC MON CHIEN SUR LA BANQUETTE ARRIÈRE DE MA VOITURE DE FONCTION. UN BREAK R11 QUI MARCHAIT AU DIESEL ...
J'AVAIS DÉMARRÉ DANS LE MÉTIER AVEC POUR MOTIVATION CE QUI FAISAIT COURIR ALBERT LONDRES :
... "METTRE LA PLUME DANS LA PLAIE !"
VOUS TUEZ LES MÉTALLOS
NON
GREVE
PAS DE FERMETURE
À LONGWY...
... OU SUR LES BORDS DE LA VOLOGNE...

ALLER OÙ PERSONNE NE VA !
CE PLAISIR DE DÉCOUVRIR, PUIS DE TRANSMETTRE ...
JE VIENS D'UNE PLANÈTE QUI S'APPELLE JOURNALISME.
J'AI OFFICIÉ PENDANT UNE DOUZAINE D'ANNÉES DANS UN QUOTIDIEN QUI ME PERMETTAIT DE TRAVAILLER COMME JE L'ENTENDAIS.

J'AI BEAUCOUP DE MAL À RÉSUMER CES ANNÉES-LÀ... JE TRAVAILLAIS, J'ÉCRIVAIS.
J'ÉTAIS INVESTI DANS LA VIE DE "LIBÉRATION"...
... MÊME SI JE RÉSISTAIS AUX PRESSIONS DE LA RÉDACTION QUI VOULAIT QUE J'INTÈGRE L'ÉQUIPE À PARIS.
J'AIMAIS MON JOURNAL.
C'ÉTAIT LE DÉBUT DES AFFAIRES.
CORRUPTION DANS LES PARTIS POLITIQUES

ANDRÉ COOLS, LE PRÉSIDENT DU PARTI SOCIALISTE BELGE, VENAIT D'ÊTRE ASSASSINÉ EN PLEINE RUE.
Libération
CONSTERNATION EN BELGIQUE
APRÈS L'ASSASSINAT D'ANDRÉ COOLS, PRÉSIDENT DU PARTI SOCIALISTE BELGE
– ITALIE –
GIULIO ANDREOTTI SE SUCCÈDE À LUI-MÊME
APRÈS UNE ENIÈME CRISE GOUVERNEMENTALE
ROCARD "INVENTE" LA CSG
GIULIO ANDREOTTI PARAISSAIT INOXYDABLE À LA TÊTE DU GOUVERNEMENT ITALIEN. MICHEL ROCARD ÉTAIT À MATIGNON.
PRESSE
LIBERTÉ DE
TV
ON VIVAIT EN FRANCE DANS LE MYTHE D'UN PAYS À LA DÉMOCRATIE SAINE, AVEC DES JOURNALISTES INDÉPENDANTS ET DES HOMMES POLITIQUES DÉVOUÉS À LA CAUSE PUBLIQUE.

EN 1994, "LIBÉ" VOULAIT DEVENIR AUSSI GROS QU'UN JOURNAL AMÉRICAIN.
JE N'AVAIS PLUS LE CHOIX ...
JE DEVAIS ME COGNER PARIS ...
METZ
PARIS

CHAPITRE 4
Libé, etc.
FÉVRIER 1995
PARIS
FRANCE

SIÈGE DE "LIBÉRATION" - 11, RUE BÉRANGER, DANS LE IIIe ARRONDISSEMENT, PARIS.

SI VOUS ÊTES DÉPENDANT, ALORS SURGISSENT
LA JALOUSIE, LA HAINE, LA COLÈRE.

KRISHNAMURTI

LA CLIMATISATION EST DE PREMIER CHOIX.
ICI, TOUT EST GRIS. C'EST CENSÉ APAISER L'ESPRIT.
MAIS LE GRIS UNIFORME A PLUTÔT TENDANCE À CASSER LE MORAL ...
... ET LA LUMIÈRE HALOGÈNE À RENDRE TOUT LE MONDE GRIS.
SEULS LES CHEFS ONT DES CRAVATES, SOUVENT EN LAINE, MOCHES.
QUANT À MOI, JE NE PORTE JAMAIS DE CRAVATE.
À "LIBÉ", LES RAPPORTS HUMAINS SONT COMPLIQUÉS.
LES PLUS VIEUX APPROCHENT DE LA SOIXANTAINE. LES PLUS JEUNES SONT DES TRENTENAIRES.
SPRES

CONTRAIREMENT À D'AUTRES ENTREPRISES, ON NE FAIT PRESQUE AUCUNE VANNE DE CUL...
POUR ENTRER EN POLITIQUE, TU FAIS CINQ ANS DE DROIT. TOUT LE RESTE, C'EST DE TRAVERS ...
SPRESSO
... DE PEUR D'ÊTRE TAXÉ DE SEXISTE OU D'HOMOPHOBE.
À "LIBÉ", MÊME LA DRAGUE DOIT RESTER GRISE ET SANS SAVEUR.
DIS, ÇA TE DIRAIT UNE FOLLE NUIT D'AMOUR AVEC UN MEC EXPÉRIMENTÉ ?!?
ELLE DOIT PASSER INAPERÇUE POUR RÉUSSIR.
CONNARD !!!
LES PLUS VIEUX ONT TROQUÉ LA LUTTE DES CLASSES POUR LA LUTTE CONTRE LE CHOLESTÉROL.
DIS, IL TE RESTE DES SUCRETTES ?!?
LES PLUS JEUNES ADOPTENT TRÈS VITE LE STYLE DE LA MAISON.
DOS VOUTÉ
PULL NOIR
CLOPE
LEVI'S 501 NOIR
VIEILLES CLARKS
JE ME SUIS LAISSÉ COULER DANS LE MOULE.
JE M'HABILLE EN GRIS.
ÊTRE ET LAISSER PARAÎTRE.
JE DOIS RÉSISTER DE L'INTÉRIEUR.

"LIBÉRATION" - SERVICE FRANCE / SOCIÉTÉ.
ALORS L'EMMERDEUR, TOUJOURS DANS LES "AFFAIRES" ?!?
EH OUAIS !!!
LES AFFAIRES, C'EST COMME LA PÂTE À BEIGNETS ! FAUT LES TRAVAILLER, LES LAISSER MONTER !
DRIIN
OUI ?!?
D'ACCORD ! J'ARRIVE TOUT DE SUITE !!!
C'ÉTAIT LE RÉD' CHEF, HEIN ?!?
TU SAIS, ON VOULAIT PAS T'EN PARLER ... MAIS IL VA T'ANNONCER TA NOMINATION POUR LE PULITZER !
PAUV' CON !!!
ÇA DOIT FINIR PAR TE PLOMBER TOUTES CES HISTOIRES DE FAUSSES FACTURES, NON ?
CE QUI ME PLOMBE, C'EST PARIS, LE MÉTRO ET LES JAMBONS-BEURRE ... J'EN AI MARRE !!!
PROLÉTAIRES DE TOUS PAYS, UNISSEZ-VOUS !!!
EL PUEBLO UNIDO JAMÁS SERÁ VENCIDO !!!

...
TOC TOC
SALUT, MICHEL !
AH ! DENIS ! ENTRE !
ON A LU TON ÉDITO ET, COMMENT DIRE ... J'AI UN PROBLÈME AVEC CE QUE TU AS ÉCRIT ... UN PROBLÈME SUR LE FOND ...
JE CROIS QUE TU TE TROMPES QUAND TU DIS QUE CARIGNON, C'EST L'ARBRE QUI CACHE LA FORÊT DES DOSSIERS QU'ON ENTERRE ...
IL Y A QUAND MÊME UNE ÉVOLUTION AU NIVEAU JUDICIAIRE, NON ?!?
ON NE PEUT PAS DIRE QUE MITTERRAND NE FAIT RIEN !?!
REGARDE ! NOIR, TAPIE, URBA, CARIGNON ...
NON, SÉRIEUSEMENT, LE PAPIER EST BIEN ÉCRIT, MAIS IL FAUDRAIT QUE TU REVOIES L'ANGLE. TU NE PEUX PAS DIRE QUE LA FRANCE EST UN PAYS CORROMPU ...

CORROMPU ?!? C'EST PAS CE QUE J'AI ÉCRIT ...
C'EST CE QU'ON RETIENT !
CE QUE JE TE DIS N'EST PAS POLITIQUE. IL Y A UNE ÉVOLUTION POSITIVE, ET TOI, TU NOIRCIS TOUT.
ESSAIE DE REVOIR TOUT ÇA, DE REFAIRE UN TRUC !
AU FAIT, LE BOUCLAGE EST DANS UNE HEURE ...
MICHEL ? J'AI BIEN RÉFLÉCHI, ET JE NE VOIS PAS CE QUE JE PEUX CHANGER À MON ARTICLE ...
ÉCOUTE, J'AI 15 PAPIERS À LIRE !!!
ALORS, FAIS CE QUE TU AS À FAIRE ET GROUILLE-TOI !!!

SCRITCH
SCRITCH
AH ! SALUT, SERGE !
ÇA VA ?
BEN ... J'AI UN PETIT SOUCI AVEC L'ÉDITO ...
OH, TU VOIS ÇA AVEC MICHEL !?!
C'EST UN TRAVAIL D'ÉQUIPE, ICI ! JE SUIS HEUREUX QUE TU NOUS AIES REJOINTS ...
ON FAIT UN MÉTIER FORMIDABLE. ÉCRIRE LE MONDE, TOUS LES JOURS !!!
?!?
TIENS ! SALUT, TOI ! COMMENT VAS-TU ?
BEN, JE ...

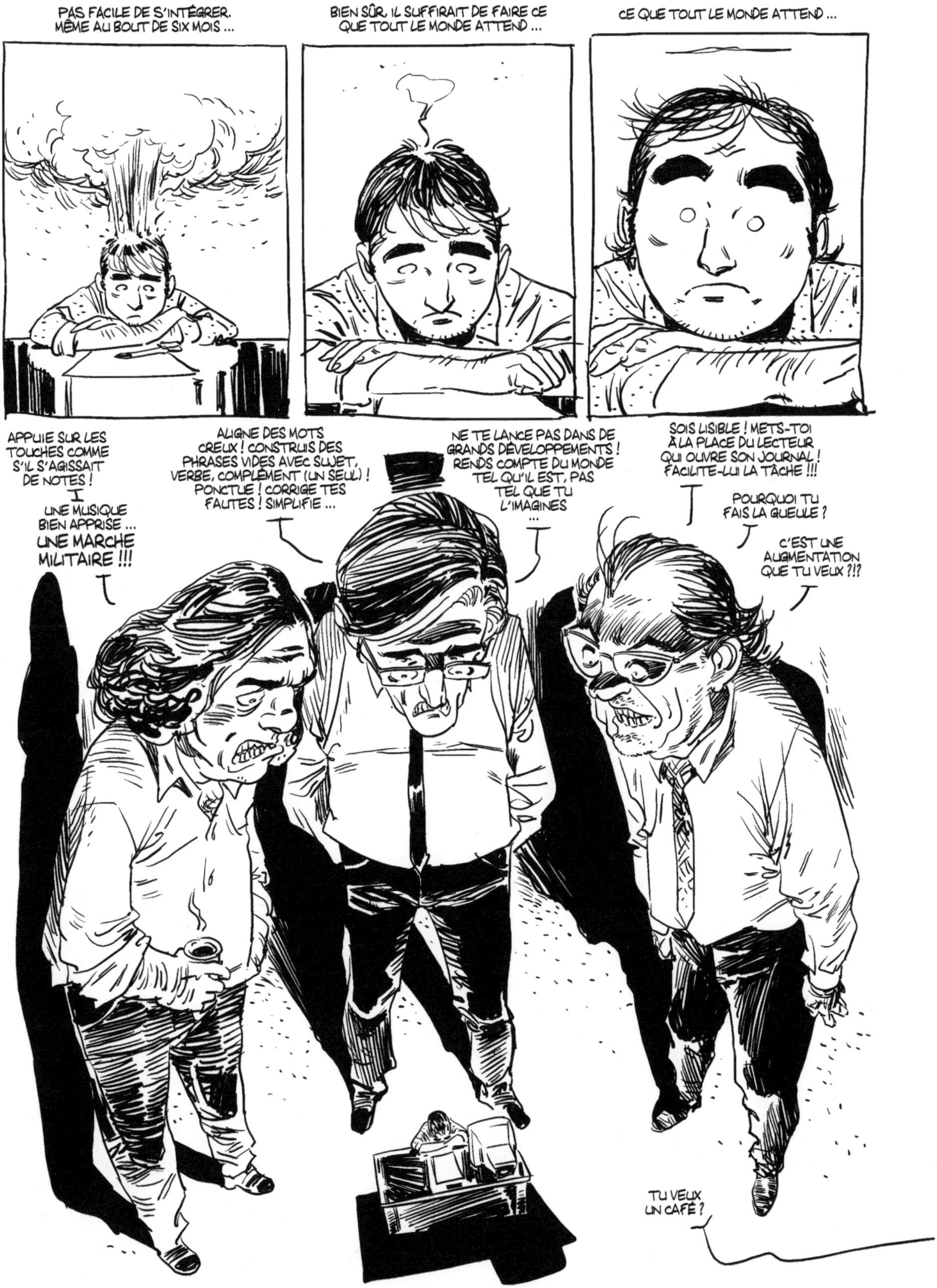
PAS FACILE DE S'INTÉGRER. MÊME AU BOUT DE SIX MOIS ...
BIEN SÛR, IL SUFFIRAIT DE FAIRE CE QUE TOUT LE MONDE ATTEND ...
CE QUE TOUT LE MONDE ATTEND ...
APPUIE SUR LES TOUCHES COMME S'IL S'AGISSAIT DE NOTES !
UNE MUSIQUE BIEN APPRISE ... UNE MARCHE MILITAIRE !!!
ALIGNE DES MOTS CREUX ! CONSTRUIS DES PHRASES VIDES AVEC SUJET, VERBE, COMPLÉMENT (UN SEUL) ! PONCTUE ! CORRIGE TES FAUTES ! SIMPLIFIE ...
NE TE LANCE PAS DANS DE GRANDS DÉVELOPPEMENTS ! RENDS COMPTE DU MONDE TEL QU'IL EST, PAS TEL QUE TU L'IMAGINES
...
SOIS LISIBLE ! METS-TOI À LA PLACE DU LECTEUR QUI OUVRE SON JOURNAL ! FACILITE-LUI LA TÂCHE !!!
POURQUOI TU FAIS LA GUEULE ?
C'EST UNE AUGMENTATION QUE TU VEUX ?!?
TU VEUX UN CAFÉ ?

T'ES SÛR QUE TU NE VEUX PAS UN CAFÉ ?
OU UNE PETITE CANETTE ?
NON, MERCI !
NON, NON, NON ET NON !!!
BONNE SOIRÉE !
DÉPARTS ET BI

UNE AUGMENTATION DE SALAIRE ACHÈTE TOUJOURS UN PEU DE LIBERTÉ ...
EN ÉCRIVANT TOUS LES JOURS DES BOUTS D'HISTOIRE DU MONDE, NOUS PARTICIPIONS À UNE VASTE BLAGUE RÉMUNÉRÉE ...
ON FINISSAIT PAR OUBLIER LA VÉRITÉ POUR ADOPTER UN PROFIL MOU, PLEIN DE CES PETITES CHOSES QUI FONT ACCEPTER LE MONDE TEL QU'IL EST ...
NOUS VIVIONS DANS UN UNIVERS VIRTUEL AVEC SES RÈGLES INTÉRIORISÉES ...
NOUS AVIONS UN CATALOGUE DE MOTS QU'IL FALLAIT RÉGULIÈREMENT UTILISER ... RESTRUCTURATION, MISE EN EXAMEN, INDICE, SEUIL, TAUX, ETC.
LE MONDE N'ÉTAIT PLUS QUE FINANCIER ET JUDICIAIRE.
J'ÉTAIS DEVENU UN AGENT DE NORMALISATION...
... UN JOUEUR DE FLÛTE...

CONTINUER REVIENDRAIT À RENONCER À TOUTE RÉVOLTE ...

METZ - LE LENDEMAIN MATIN.

TU COMPRENDS, J'ÉTAIS ARRIVÉ AU BOUT D'UN TRUC AVEC L'AFFAIRE LONGUET ...
TU L'AS QUAND MÊME FAIT TOMBER !!!
JE M'EN FOUS, C'ÉTAIT PAS LE PIRE !
IL ÉTAIT VRAIMENT DE DROITE !!!
ÇA N'A PLUS VRAIMENT DE SENS ...
ARRÊTE !!!
À GAUCHE, ILS ONT GRATTÉ SUR LES HYPERMARCHÉS. ILS ONT DES COMPTES EN IRLANDE ...
REGARDE L'AFFAIRE REYT ! ET LE TUNNEL DU SOMPORT !
ON DEVRAIT VÉRIFIER LES INVESTISSEMENTS IMMOBILIERS DE PLUSIEURS MINISTRES ... TIENS, BORELLI*, TU LE CONNAIS ?!? IL S'EST PAYÉ UNE VILLA À SÉVILLE AVEC SA COM' ...
EH BIEN, ÉCRIS-LE !
SCRI
?!?

* PSEUDONYME

J'AI ESSAYÉ !!! JE ME SUIS FAIT AVOIR ...
... LA SCI DE LA MAISON EST INSCRITE À GIBRALTAR.
T'ES SÛR ?!?
OUAIS ! ET PUIS C'EST PLUS LE PROBLÈME DES PARTIS. LE PR A DES COMPTES À GENÈVE. J'AI BALANCÉ LE NOM DE LEUR AYANT-DROIT ...
À DROITE, ILS SONT PLUS MALINS, ILS SONT ALLÉS À LUXEMBOURG. ILS SONT TOUS MOUILLÉS ...
OH, ET PUIS J'EN AI PLUS RIEN À FOUTRE !!!
JE LAISSE TOMBER ! JE VAIS TERMINER MON ROMAN ...

RRRR
ZZZ
FIN
TU AS FINI !?!
!?
OUAAH... JE CROIS BIEN ... OUI !
ET T'AS TROUVÉ UN TITRE ?
JE FERAI UN MALHEUR !!!
ÇA, J'EN DOUTE PAS ... MAIS LE TITRE, C'EST QUOI ?
MAIS, C'EST LE TITRE !!!

CHAPITRE 5
Mes Copains

IL M'ARRIVE ASSEZ
RAREMENT DE NE PENSER À RIEN.

DÈS QUE JE NE PENSE À RIEN,
JE ME DIS QUE JE NE PENSE À RIEN ...

PLAGE DE NORMANDIE - AOÛT 1995.

TU PARLES ! J'AI UN PAPIER DANS "ELLE" ET UN DANS "LIRE"... MES ANCIENS COPAINS NE ME FERONT PAS DE CADEAUX !!!
DES JALOUX !
... POLITIQUE À PRÉSENT, AVEC LA MISE EN EXAMEN PROBABLE D'HENRI EMMANUELLI ...
... EN EFFET, LE TRÉSORIER DU PARTI SOCIALISTE AURAIT RÉCOLTÉ DES FONDS ...
... QUANT À JÉRÔME MARTINOT,* IL EST TOUJOURS SUSPECTÉ PAR LE JUGE COURROYE D'AVOIR FINANCÉ LE RPR VIA UN COMPTE SUISSE ...
TU CROIS VRAIMENT QUE TU VAS ARRÊTER LE JOURNALISME ?!?
HEIN ? AH, EUH ... OUI !
ÇA TE DÉMANGE PAS ?
UN PEU ...
J'AI JAMAIS COMPRIS POURQUOI TU T'ÉTAIS LANCÉ LÀ-DEDANS ! ...
DANS QUOI ?
LES AFFAIRES, LES PARTIS POLITIQUES, LA JUSTICE ... Y A QUE DES COUPS À PRENDRE !
OÙ EST LE PLAISIR ?
PAPA ! TU VIENS NAGER ?

* PSEUDONYME

À QUOI TU PENSES, PAPA ?
JE PENSAIS À MON PROCHAIN LIVRE ...
MAIS TU VEUX PAS ARRÊTER DE PENSER ?
JE CROIS QUE J'AI UN TITRE, RÉMI !
UN TITRE ?
MON PROCHAIN BOUQUIN VA S'APPELER : "PENDANT LES AFFAIRES, LES AFFAIRES CONTINUENT" ...
AÏE !
ET C'EST REPARTI POUR UN TOUR !

DENIS, TU DESCENDS ⁉!
OUAIS, J'ARRIVE !
TE VOILÀ ENFIN ! QU'EST-CE QUE TU FABRIQUAIS ?
À TON AVIS ?
ÇA Y EST, LES AFFAIRES REPRENNENT !
BON, LES GARS, JE CROIS QUE JE VAIS ALLER ME PIEUTER
...
TE PIEUTER ?!?
CIAO !

SALUT, LES AMIS !
SALUT, DENICHE !
JE PEUX ?
ET C'EST PARTI !!!
FRANCE INFO C'EST L'INFO EN DIRECT 24 H SUR 24.
... OFFENSIVE DE L'ARMÉE SERBE DANS L'ENCLAVE MUSULMANE DE SREBRENICA ...
... RIEN NE VA PLUS POUR LE PARTI RÉPUBLICAIN ...
... ON VIENT D'APPRENDRE QUE LE DOSSIER INSTRUIT JADIS PAR LE JUGE VAN RUYMBEKE VENAIT D'ÊTRE TRANSMIS À UNE JUGE PARISIENNE ...
Le Canard enchaîné
... QUI VIENT DE LANCER UNE COMMISSION ROGATOIRE VERS LA SUISSE ...
ÇA ALORS !?!
VOUS ENTENDEZ ÇA !!!
VOUS ...

DENIS, ON VA À LA PLAGE ! TU VIENS ?!?
T'AS QU'À PRENDRE TA RADIO ...
J'ARRIVE !!!
... ET À PRÉSENT, LES PRONOSTICS DES COURSES. AUJOURD'HUI, À AUTEUIL ...
FAIRE PARLER UN TÉMOIN PASSE SOUVENT PAR UNE SORTE DE CHANTAGE ...
... GÉNÉRALEMENT AU TÉLÉPHONE.
TUT TUT TUT
LÀ ON L'APPELLERA DARBOIS. C'EST UN ÉNARQUE. AUJOURD'HUI IL EST CONSULTANT.
IL A ÉTÉ LE CHEF DE CABINET D'UN MINISTRE ET LE DIRECTEUR FINANCIER D'UN GRAND GROUPE DU BÂTIMENT.
MONSIEUR DARBOIS ? UN CERTAIN MONSIEUR ROBERT ...
M. DARBOIS ?!? JE SAIS QUE JE VOUS ENNUIE, MAIS JE SUIS EN TRAIN D'ÉCRIRE UN LIVRE OÙ J'ABORDE NOTAMMENT LE FINANCEMENT DU PARTI RÉPUBLICAIN ...
JE NE VOIS PAS DU TOUT EN QUOI CELA ME CONCERNE ?!?
JE ME DISAIS QUE DANS LA MESURE OÙ VOUS ÊTES CITÉ DANS CE DOSSIER, VOUS AURIEZ PEUT-ÊTRE ENVIE DE VOUS EXPLIQUER ...

JE N'AI PAS GRAND-CHOSE À DIRE ... CETTE HISTOIRE NE ME CONCERNE PAS DIRECTEMENT.
DARBOIS CONSULTING
CE N'EST PAS CE QUE DISENT LES AVOCATS ...
JE SAIS ! MAIS JE NE RÉPONDRAI QU'À UN JUGE ... SI UN JUGE ME CONVOQUE !!!
TRÈS BIEN ! JE NE VOUS ENNUIE PAS PLUS ...
VOUS ALLEZ ÉCRIRE QUELQUE CHOSE ?!?
OUI !
ET QU'EST-CE QUE VOUS ALLEZ ÉCRIRE ?!?
JE NE SAIS PAS ENCORE...
ATTENDEZ ! JE VAIS VOUS EXPLIQUER DEUX OU TROIS CHOSES, MAIS PAS AU TÉLÉPHONE ...
D'ACCORD !!! OÙ POURRAIT-ON SE RENCONTRER ?

LE LENDEMAIN ...
DENIS ? ON DIRAIT QUE T'AS DE LA VISITE ...
C'EST PAS DIEU POSSIBLE !!!
QUAND IL NE VA PAS AUX AFFAIRES, LES AFFAIRES VIENNENT À LUI ...
DARBOIS ...
DARBOIS EST CATHOLIQUE, IL VA À LA MESSE TOUS LES DIMANCHES ...
PENDANT DES ANNÉES, UN LUNDI PAR MOIS, IL PRENAIT LE TGV POUR GENÈVE ...
IL DÉPOSAIT SES PETITS PAQUETS SUR DES COMPTES NUMÉROTÉS. IL DISAIT NE JAMAIS SE SERVIR AU PASSAGE ...
SWISS BANK
DARBOIS ÉTAIT UN TYPE PARFAITEMENT HONNÊTE ... UN TANTINET SERVILE.

AU COURS DE SA LONGUE CARRIÈRE, IL AVAIT PARTICIPÉ ACTIVEMENT AU FINANCEMENT OCCULTE DE TOUS LES GRANDS PARTIS, TOUJOURS LA MÊME HISTOIRE. GENÈVE, LA VALISE...
CE QUE JE VAIS VOUS DIRE EST OFF !!!
OK !
D'ABORD, CE N'EST PAS UN PROBLÈME SPÉCIFIQUE AU PR. TOUT LE SYSTÈME EST VICIÉ ...
JE SAIS ! C'EST VOUS QUI AVEZ OUVERT LES COMPTES DU PR EN SUISSE ET DISPATCHÉ LE VIREMENT DU KOWEÏT ...
J'AI AGI SUR ORDRE DU MINISTRE ...
LONGUET ?
NON, PAS LUI !!!
LONGUET N'EST PAS PLUS MAUVAIS QU'UN AUTRE. IL S'EST FAIT PRENDRE, VOILÀ TOUT ! D'AILLEURS, VOUS L'AVEZ UN PEU CHARGÉ DANS VOS ARTICLES ...
MAIS IL AVAIT QUAND MÊME LE BRAS LONG AU MINISTÈRE DE L'INDUSTRIE !?!
IL N'EST PAS PLUS PUISSANT QU'UN AUTRE NON PLUS ...
... SINON, IL NE SE SERAIT PAS FAIT PRENDRE !!!

VOUS AVEZ QUAND MÊME VIRÉ 18 MILLIONS DE FRANCS EN CINQ VERSEMENTS SUR LE COMPTE BAPTISE CODY, NON ?!?
JE NE NIE PAS !!! C'ÉTAIT POUR RÉGLER UNE COMMISSION SUR UN MARCHÉ À L'EXPORT AVEC L'ALGÉRIE ...
L'ARGENT N'A FAIT QUE TRANSITER PAR MES COMPTES ...
POURQUOI CETTE COMMISSION N'EST- ELLE PAS ALLÉE DIRECTEMENT D'UNE DE CES PANAMÉENNES À CELLE DE SON INTERMÉDIAIRE ?!?
LE BUSINESS EST COMME ÇA !!!
DES PANAMÉENNES, VOUS VOULEZ QUE JE VOUS DISE COMBIEN J'EN AI ?
?...
JE NE SAIS MÊME PLUS EXACTEMENT !!! PEUT-ÊTRE 70 ... PEUT-ÊTRE 80 ...
???
TOUS LES TYPES QUI TRAVAILLENT AVEC L'ÉTRANGER FONT COMME MOI ...
LA PLAGE
EN GROS, VOUS SERVEZ À NOYER LE POISSON ?!?
EN GROS, OUI !!!
ET POUR LE POISON ?

QUOI, LE POISON ?
... IL EXISTE UN ANTIDOTE ?
UN ANTIDOTE ?!?
ON MET DE L'HUILE DANS LES ROUAGES DU SYTÈME ... ON SE BAGARRE À L'EXPORT !
ET PUIS, CE N'EST PAS DE NOTRE FAUTE SI LA LOI SUR LE FINANCEMENT DES PARTIS EST MAL FICHUE !!!
DE TOUTE MANIÈRE, ILS SONT EN TRAIN DE REPRENDRE LES CHOSES EN MAIN ...
QUI ÇA, ILS ?!?
DISONS, LA CLASSE POLITIQUE ! CELLE QUI TIENT LE PAYS. ELLE N'EST NI DE GAUCHE NI DE DROITE ...
ILS VONT FAIRE PASSER UNE NOUVELLE LOI D'AMNISTIE, VOUS VERREZ !!!

SÉRIEUSEMENT, T'ES PAS FATIGUÉ DE TOUT ÇA ?!?
SI !
POURQUOI TU CONTINUES, ALORS ?!?
ÇA ME PARAÎT IMPORTANT !!!
TU TE SENS INVESTI D'UNE MISSION ?!?
NON.
ET C'EST QUOI LE BUT DU JEU ?
BEN, RENDRE CE MONDE UN PEU MEILLEUR !
QU'EST-CE QUE TU PEUX ÊTRE CON, MON POTE !!!
JE REVEUX UNE BIÈRE !

OCTOBRE 1995
METZ
FRANCE
CHAPITRE 6
Le Spectre

LES AFFAIRES,
C'EST COMME LA PÂTE
À BEIGNETS...

METZ - OCTOBRE 1995

L'ARGENT DONT IL EST QUESTION DANS CES HISTOIRES VIENT TOUJOURS DE NOTRE POCHE ET ATTERRIT DANS LES LEURS ...
C'EST UNE CHAÎNE D'INTÉRÊTS MULTIPLES ET CACHÉS ...
COMMISSIONS SUR LES MARCHÉS À L'EXPORT ...
COMMISSIONS SUR LE MONTAGE D'UNE USINE D'INCINÉRATION ...

LE FINANCEMENT DE LA VIE PUBLIQUE A BON DOS, SURTOUT QUAND L'ARGENT EST BLACK ET REVIENT DE ZURICH OU D'ANTIGUA ...
MALLETTES DE BIFTONS ET COMPTES EN SUISSE ...
COMMISSIONS SUR LA CONSTRUCTION DE LYCÉES, DE PONTS ...
... DE TRIBUNAUX, DE GRANDS MAGASINS ...
QUELQUE CHOSE EST VICIÉ DANS LA CHAÎNE ÉCONOMIQUE ...

NOTRE PAYS EST QUAND MÊME LA CINQUIÈME PUISSANCE ÉCONOMIQUE MONDIALE.
LA CINQUIÈME, CE N'EST PAS RIEN ... ALORS, COMMENT EXPLIQUER SON APPAUVRISSEMENT ?
ET D'OÙ VIENT LA RICHESSE DES PARADIS FISCAUX ?!?
UNE PARTIE NON NÉGLIGEABLE DES PROJETS RÉALISÉS PAR LES SOCIÉTÉS ŒUVRANT EN FRANCE, GRÂCE AU TRAVAIL D'HOMMES ET DE FEMMES, S'ÉVADE CHAQUE JOUR VERS CES AILLEURS ...
ET CE, MALGRÉ LES VŒUX PIEUX DE FRANÇOIS MITTERRAND À PROPOS DE L'ARGENT FACILE.
PERSONNE NE S'EST ATTAQUÉ DE FRONT AU PROBLÈME !
L'ÉVASION DES CAPITAUX EST UN CRIME CONTRE L'HUMANITÉ !!!

PARIS / METZ - OCTOBRE 1995.

À FORCE DE PRENDRE SUR MOI LE CAFOUILLAGE DES AUTRES, MON CERVEAU ÉTAIT À SATURATION...
CE LIVRE EST ARRIVÉ AU BON MOMENT POUR ME METTRE FACE À CETTE ÉVIDENCE...
J'AVAIS DÉVELOPPÉ, AU FIL DES ANNÉES, UNE CONDUITE D'ÉVITEMENT...
IL ÉTAIT TEMPS QUE ÇA S'ARRÊTE !

JANVIER 1996
METZ
FRANCE
CHAPITRE 7
Success
Story

Denis Robert
Pendant les «Affaires», les affaires continuent...
Stock
JE SAIS QU'IL VA FORCÉMENT SE PASSER QUELQUE CHOSE AVANT LA FIN ...

METZ - JANVIER 1996.
... QUATRIÈME PRÉSIDENT DE LA CINQUIÈME RÉPUBLIQUE ET VINGT ET UNIÈME PRÉSIDENT DE LA RÉPUBLIQUE FRANÇAISE ...
... VA REJOINDRE, À PRÉSENT, LE CAVEAU FAMILIAL DANS LE PETIT CIMETIÈRE DE JARNAC ...
QUAND JE TRAVAILLAIS AU JOURNAL, SOUVENT LE SOIR, J'ALLAIS BOIRE DES COUPS AVEC MON COPAIN PAUL ...
ET ALORS ?
ON FAISAIT LES BARS EN SE REPASSANT LE FILM DE LA JOURNÉE. ON NE CROYAIT PLUS EN GRAND-CHOSE SAUF EN NOUS ET AU JOURNALISME ...
ON EMMERDAIT LA CLASSE DIRIGEANTE. ON EN AVAIT LES MOYENS. ON MONTAIT NOS COUPS DANS L'OMBRE. ON SAVAIT QUI AVAIT TOUCHÉ, ET COMBIEN ...
JE NE VOIS PAS OÙ TU VEUX EN VENIR !?!
LE PROBLÈME ÉTAIT SOUVENT LE MÊME. NOTRE INFORMATEUR NE VOULAIT PAS APPARAÎTRE. JAMAIS !
ET IL NOUS FALLAIT ÉVITER LE PROCÈS. ON ÉTAIT COMME À LA CHASSE AU FAUVE. IL Y AVAIT DU DANGER, DES PIÈGES À ÉVITER, DES ALIBIS À FOURNIR ...
... LE BARATIN OFFICIEL, ET CE QUI SE PASSAIT VRAIMENT EN COULISSES !!! AU BOUT D'UNE ANNÉE, JE NE ME SUIS PLUS AMUSÉ. MON COPAIN NE COMPRENAIT PAS CE QUI M'ARRIVAIT ...

IL INSISTAIT RÉGULIÈREMENT POUR QU'ON AILLE SE TAPER UNE PUTE. ÇA FAISAIT PARTIE DE SON RITUEL D'AVENTURIER URBAIN ET MODERNE. ÇA NE ME DISAIT RIEN ...
TU TE FOUS DE MA GUEULE !?!
NON, JE TE JURE ... JE N'AI JAMAIS PAYÉ POUR TIRER UN COUP, MÊME SI J'AI EU PARFOIS ENVIE DE VOIR CE QUE ÇA FAIT ...
LE "AVANT, PENDANT, APRÈS", CE GENRE DE TRUC ...
MAIS ON NE VA PAS AUX PUTES SEULEMENT POUR VOIR CE QUE ÇA FAIT !!!
JE N'ÉTAIS EXCITÉ PAR RIEN !
JE ME SENTAIS DEVENIR UN LÉGUME INSOMNIAQUE. IL FALLAIT QUE J'ARRÊTE ...
TU COMPRENDS ?!?
EUH OUI ... MAIS QUEL RAPPORT AVEC MITTERRAND ?
... DANIELLE MITTERRAND, SES DEUX FILS AINSI QUE MAZARINE PINGEOT ...
JE NE SAIS PAS ... AUCUN !!!
!?!

DE QUOI VOUS DISCUTEZ, LES GARS ?!?
DE ...
DE MITTERRAND !!!
JE VIENS DE FINIR TON BOUQUIN ...
EH BIEN, JE CROIS QUE JE PRÉFÉRAIS TON ROMAN !
MAIS ÇA N'A RIEN À VOIR DU TOUT !
JE SAIS QUE ÇA N'A RIEN À VOIR ! MAIS LES AFFAIRES, TOUT ÇA ...
... ILS ONT DÉJÀ TENTÉ D'AVOIR TA PEAU ?!?
C'EST PAS PAREIL ...
SI, C'EST PAREIL !!!
ARRÊTE AVEC TOUT ÇA ET REMETS-TOI À ÉCRIRE DE VRAIS LIVRES !!!
Y A PAS DE QUOI STRESSER ! DE TOUTE FAÇON, LES VENTES NE DÉCOLLENT PAS !
RAISON DE PLUS !
VLAM

DENIS ?
LAURENT VIENT TOUT JUSTE D'APPELER ...
AH OUAIS ?!?
... POUR DIRE QUE LES VENTES DÉCOLLENT ...
... ET AUSSI QUE TU ES INVITÉ À "NULLE PART AILLEURS" !
CHAMPAGNE !!!
DEUX JOURS PLUS TARD - PARIS GARE DE L'EST.
QUAI ANDRÉ-CITROËN, S'IL VOUS PLAÎT !
TAXI
PARISIEN

TIBIP TIBIP
OUI, ALLÔ ... POUR QUEL JOURNAL, VOUS DITES ?!? OK, ALLEZ-Y ...
JE PRENDS LE PARI QUE SUR DES CENTAINES DE MILLIONS DE FRANCS QUI S'ÉCHAPPENT CHAQUE ANNÉE VERS LES PARADIS FISCAUX, UN DIXIÈME SEULEMENT SERT À FINANCER UNE ACTIVITÉ POLITIQUE ...
JE VEUX BIEN QUE LES SALLES DE MEETING SOIENT CHÈRES, LES IMPRIMEURS GOURMANDS, QUE LES INVITATIONS DES JOURNALISTES AU RESTAURANT AUGMENTENT, MAIS QUAND MÊME !!!
VOUS TRAVAILLEZ DANS L'ESPIONNAGE ?!?
NON, JE SUIS JOURNALISTE ... ENFIN ÉCRIVAIN. JE TRAVAILLE SUR LES AFFAIRES ...
VOUS AVEZ BIEN RAISON ! LES POLITICARDS, C'EST EN TAULE, LEUR PLACE ! ET ENCORE, JE SUIS GENTIL !!!
ÇA TIENDRAIT QU'À MOI, J'TE LES ENVERRAIS AU BAGNE ...
OUI, BON ... C'EST PLUS COMPLIQUÉ QUE ÇA ...
ILS NOUS BOUFFENT LA LAINE SUR LE DOS !!!
JE VOUS DOIS COMBIEN ?
CANAL+

CE SOIR, NOUS AVONS LA CHANCE D'ACCUEILLIR UN ANCIEN JOURNALISTE DE "LIBÉRATION"...
... POUR SON LIVRE DONT TOUT LE MONDE PARLE À MI-VOIX ...
EN SIX MOIS, C'EST DEVENU UN BEST-SELLER ...
DENIS ROBERT, BONSOIR !
NULLE PART AILLEURS
'SOIR !
DITES-MOI, VOUS N'AVEZ PAS PEUR DE PRENDRE DES COUPS EN TAPANT AINSI SUR TOUT LE MONDE ?!?
NON ! CAR JE SUIS NON-VIOLENT !!!
ET PUIS, C'EST PAS DE MA FAUTE SI DES MARCHÉS PUBLICS SONT TRUQUÉS ...
IL Y A ENVIRON 1000 HYPERMARCHÉS DANS CE PAYS. C'EST LA PLUS GROSSE CONCENTRATION DANS LE MONDE. POURQUOI Y EN A-T-IL AUTANT ? LE HASARD OU DES COMPENSATIONS FINANCIÈRES ?

DE TEMPS EN TEMPS, QUAND LA PRESSION MONTE, LE MINISTÈRE CHARGÉ DE LA GESTION DES AFFAIRES EN COURS LÂCHE UN CARIGNON DANS L'ARÈNE. ET LE CIRQUE CONTINUE ...
JE CROIS QUE LA DÉMOCRATIE EST EN DANGER ET QUE LES POLITIQUES VIVENT SUR UNE ILLUSION ...
LES SOCIALISTES ACCOMPAGNENT CE MOUVEMENT ET AIDENT À MAINTENIR CETTE ILLUSION ...
RENDRE LE MONDE UN PEU MEILLEUR ...
SE JETER DANS LA GUEULE DU LOUP, OUI !!!
EN PÉRIODE DE RÉCESSION, CES PRATIQUES, TOLÉRÉES PUISQUE NON COMBATTUES, DEVIENNENT ENCORE PLUS INSUPPORTABLES ...
PERSONNE NE S'EST ATTAQUÉ DE FRONT AU PROBLÈME ...
IL FAUDRAIT TRANSFORMER LE DÉLIT D'ÉVASION FISCALE EN CRIME CONTRE L'HUMANITÉ ...
... JE PLAISANTE !!!

T'ES CONTENT ?
OUAIS, ÇA VA
JE N'AVAIS PAS PRÉVU QUE ÇA CARTONNERAIT AUTANT !
TU VAS POUVOIR TE REPOSER MAINTENANT !?!
ÇA, C'EST PAS SÛR !
J'AI L'IMPRESSION QUE JE NE PEUX PAS EN RESTER LÀ !
J'AI EU VAN RUYMBEKE ET BERTOSSA AU TÉLÉPHONE ...
C'EST QUI CE BERTOSSA ?
LE PROCUREUR GÉNÉRAL DE GENÈVE. C'EST PAR LUI QUE TOUTES LES AFFAIRES QUI SORTENT EN EUROPE PASSENT ...
TOUS LES JUGES ONT LE MÊME PROBLÈME. ILS SONT BLOQUÉS PAR DES RÈGLEMENTS NATIONAUX TROP RIGIDES ... LES CRIMINELS, EUX, N'ONT NI RÈGLE NI FRONTIÈRE !
TU VEUX FAIRE UN BOUQUIN, LÀ-DESSUS ?!?
JE CROIS, OUI !

PAPA ! PIPI !!!
TIENS, PRENDS LE CADEAU POUR PAPI ET MAMIE !
AH, BEN V'LÀ LE CHAMPION !
CHAMPION
PÈRE DU CHAMPION
MÈRE DU CHAMPION
SALUT, P'PA !
SALUT, FILS !
T'AS VU L'HEURE ?
ALLEZ, ON PASSE À TABLE !
TANTE DU CHAMPION
ONCLE DU CHAMPION
FRÈRE DU CHAMPION
COPAIN DU FRÈRE
ALLEZ ! UN HOMME, UNE FEMME, UN HOMME, UNE FEMME !
ANDRÉ CONSEILLER GÉNÉRAL
COPINE DE MA MÈRE
THIERRY UN POTE JOURNALISTE

EN GÉNÉRAL, C'EST AU MOMENT DU DIGESTIF QUE ÇA COMMENCE À ATTAQUER ...
HÉ, RACONTE ! ILS SONT VRAIMENT AUSSI POURRIS QUE TU L'ÉCRIS ?!?
NON, PAS VRAIMENT !
TU LE CONNAIS, LE JUGE VAN RUYMBEKE ? C'EST PAS UN HOLLANDAIS ?!?
LA CORRUPTION, ÇA A TOUJOURS EXISTÉ ... SI TU SUPPRIMES LA CORRUPTION, TU SUPPRIMES TOUTE L'ÉCONOMIE !!!
TES ARTICLES, C'EST FAIT POUR AMUSER LA GALERIE ...
TU GAGNES BIEN TA VIE AU MOINS À INVENTER TOUTES CES HISTOIRES ?
LE PIRE, C'EST QUE J'INVENTE RIEN ...
DE TOUTE FAÇON, ÇA CHANGE RIEN ! ON RETROUVE TOUJOURS LES MÊMES ...
T'AURAS BEAU ÉCRIRE, SORTIR DES SCANDALES. ON EST FATIGUÉS DE TOUT ÇA !!!
POURQUOI T'ÉCRIS PLUS SUR L'AFFAIRE VILLEMIN ?!?
LE FRONT NATIONAL GAGNE DU TERRAIN, ET C'EST DE TA FAUTE TOUT ÇA !!!
EST-CE QUE TU T'EN RENDS COMPTE ?

ET TU CONTINUES QUAND MÊME ?!?
C'EST DINGUE CE QUE JE SUIS CON, HEIN ?!
T'AS RAISON DE DÉNONCER LES MAGOUILLES !
FAUT FAIRE SAUTER TOUTE CETTE RACAILLE ! ET METTRE LE PEN À LA PLACE !!!
TU VERRAS QUE ÇA VA CHANGER !!!
GABY, CALME-TOI ...
MOI, JE NE LIS MÊME PAS, J'Y COMPRENDS RIEN !!! AVEC TOUS CES CHIFFRES, C'EST TROP COMPLIQUÉ ...
J'AURAIS JAMAIS CRU QUE TU TE LANCERAIS LÀ-DEDANS ...
POURTANT, T'ÉTAIS BIEN MEILLEUR EN FRANÇAIS QU'EN MATH !?!
MMM ...

AVEC TOUTES TES CONNERIES, OÙ EST-CE QU'ON VA TROUVER L'ARGENT POUR NOS CAMPAGNES, MAINTENANT ?
Y EN A QUE POUR LES RICHES. C'EST LA FIN DES PETITES LISTES ...
C'EST LA FIN DE LA DÉMOCRATIE ...
TANT MIEUX !!!
REST
DENIS, TU VAS QUAND MÊME PAS CONDUIRE !?!
SI !!!
ARRÊTE ! T'AS BEAUCOUP TROP BU !
C'EST ... PAS VRAI ... J'AI ... RIEN BU !!!
J'EN AVAIS MARRE ! J'AVAIS ENVIE D'ÉCRIRE UN ROMAN D'AMOUR ...

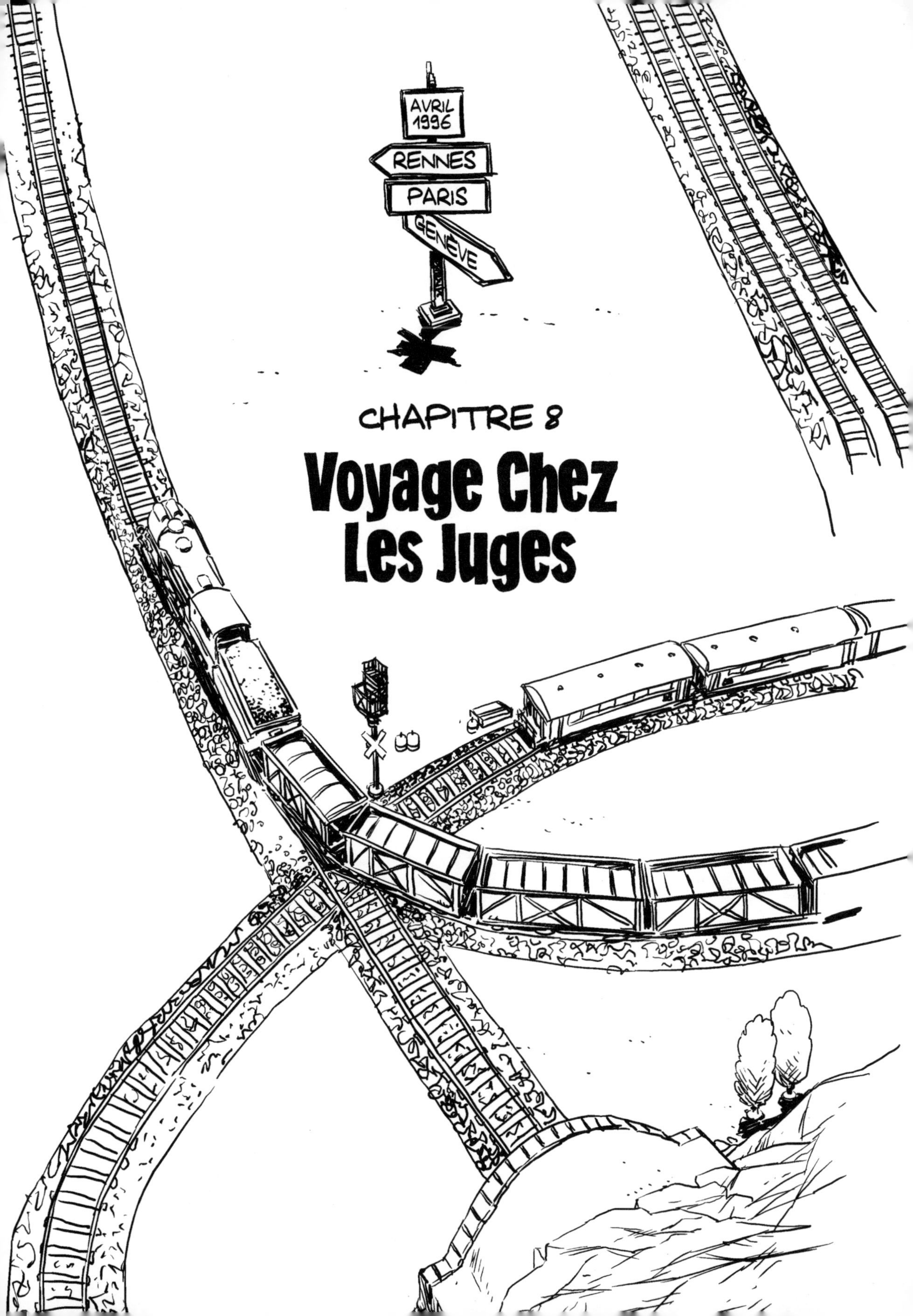

CHAPITRE 8
Voyage Chez Les Juges

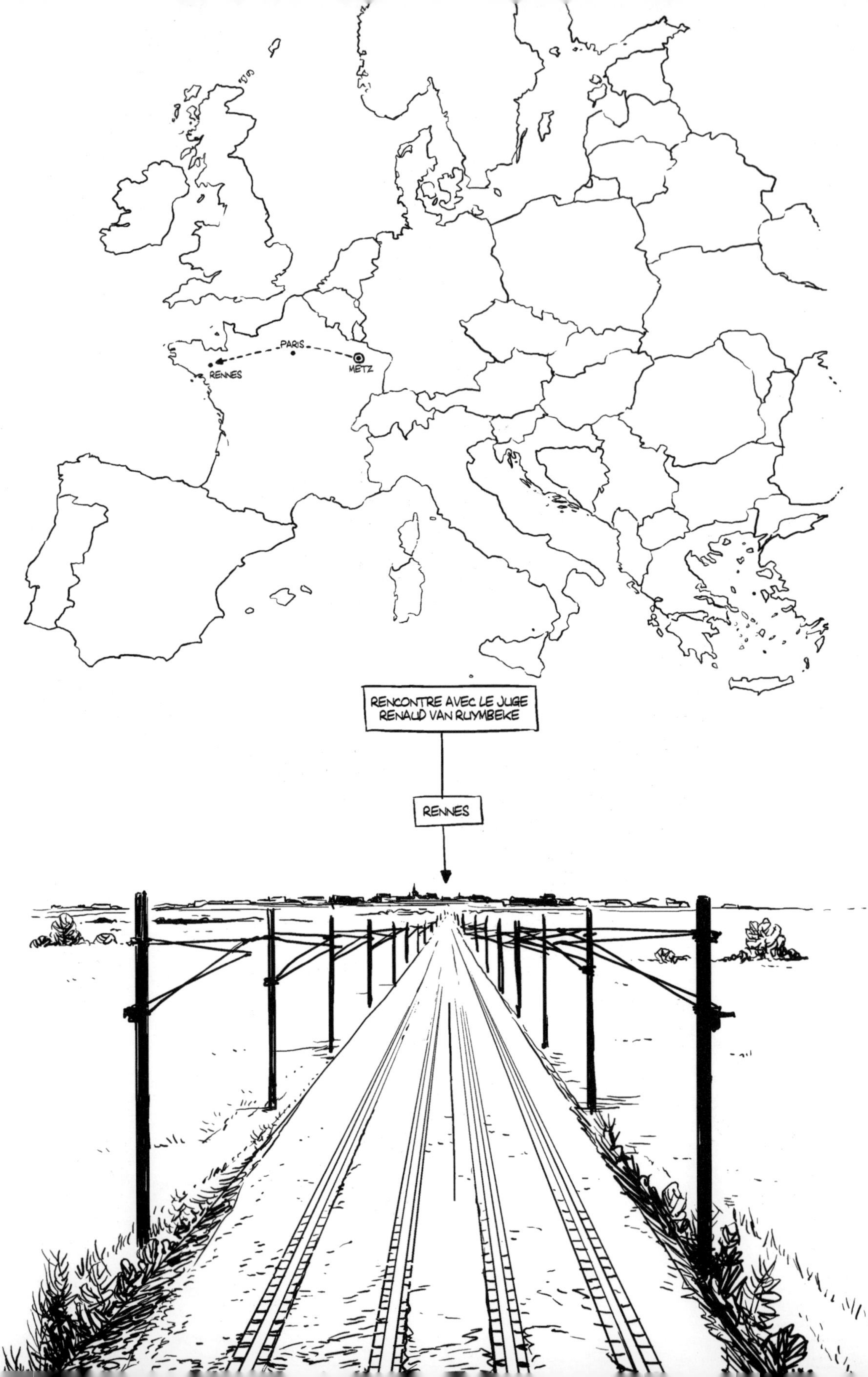
PARIS
RENNES
METZ
RENCONTRE AVEC LE JUGE RENAUD VAN RUYMBEKE
RENNES

GARE DE RENNES.

QUEL ÂGE AVEZ-VOUS ?
43 ANS !
DONT COMBIEN DE MAGISTRATURE ?!?
20 ...
POURQUOI AVOIR ACCEPTÉ CET ENTRETIEN APRÈS DES ANNÉES DE SILENCE ?
IL EST DEVENU URGENT, JE CROIS, DE DIRE DES CHOSES SUR LE FONCTIONNEMENT DE LA JUSTICE ...
LE PUBLIC EST TENU TROP ÉLOIGNÉ DE CE QUI SE PASSE EN COULISSES...
VOUS ÊTES EN COLÈRE ?!?
MÊME PAS, NON !
FRUSTRÉ ?
NON !!!
J'ESSAIE SEULEMENT D'ANALYSER ... DE COMPRENDRE !!!

OK ! ALLONS-Y !
LA CORRUPTION, ON LA DÉCOUVRE PETIT À PETIT. MOI-MÊME, JE NE PENSAIS PAS QU'ELLE AVAIT PRIS UNE TELLE AMPLEUR. D'AILLEURS, PERSONNE N'EN A ENCORE MESURÉ TOUTE L'ÉTENDUE ...
EN FRANCE, LES AFFAIRES REMONTÉES À LA SURFACE SONT TOUJOURS SORTIES D'UNE MANIÈRE ISOLÉE, DE SORTE QUE PERSONNE NE VOIT LE COUP VENIR ...
ON EST EN DESSOUS DU POINT ZÉRO EN MATIÈRE DE LUTTE CONTRE LA CORRUPTION ...
LES MOIS ET LES ANNÉES QUI VIENNENT SERONT DÉTERMINANTS ...
LES JUGES SONT EN PHASE D'ÉMANCIPATION. IL VA ÊTRE TRÈS INTÉRESSANT DE VOIR LA RÉACTION DU POUVOIR POLITIQUE ...

SOUS PÉTAIN, TOUS LES MAGISTRATS, SAUF UN, ONT PRÊTÉ SERMENT AU MARÉCHAL. CELA M'A TOUJOURS EFFRAYÉ ...
SI DEMAIN, LA FRANCE ÉTAIT GOUVERNÉE PAR UN PARTI EXTRÉMISTE, ET SI ON DEMANDAIT AUX MAGISTRATS DE PRÊTER UN SERMENT COMPARABLE ...
... JE ME DEMANDE QUELLE SERAIT L'ATTITUDE DE LA MAJORITÉ D'ENTRE NOUS !
DEPUIS DEUX ANS, LES INVESTIGATIONS PORTENT MOINS SUR DES BUREAUX D'ÉTUDES QUE SUR DES CIRCUITS PARALLÈLES ET ÉTRANGERS ...
C'EST BEAUCOUP PLUS GRAVE, CAR TOTALEMENT INCONTRÔLÉ ...
CES CIRCUITS PASSENT PAR LE LUXEMBOURG, MAIS AUSSI PAR JERSEY, L'ÎLE DE MAN, GIBRALTAR, LE LIECHTENSTEIN ...
AUJOURD'HUI, L'EUROPE A QUARANTE ANS ... POURQUOI TOLÈRE-T-ON ENCORE CES ESPACES SANS RÈGLES ?!?
QUAND JE VOIS LA MISÈRE DES SDF ET QUE JE VOIS CE QUE RÉVÈLENT CERTAINS DOSSIERS, LES SOMMES QUI PARTENT VERS LES PARADIS FISCAUX, JE SUIS VRAIMENT CHOQUÉ ...
IL Y A LÀ UNE INJUSTICE FLAGRANTE ET INSUPPORTABLE. C'EST LÀ UN DES GROS PROBLÈMES DE NOTRE PAYS ...

QU'EST-CE QUI FAIT SELON VOUS QU'ON N'EN SORTE PAS ?
SI ON SE PLACE SUR LE PLAN EUROPÉEN, ON SE REND COMPTE QUE LA PLUPART DES POUVOIRS POLITIQUES ONT EU RECOURS À DES PARADIS FISCAUX POUR SE FINANCER ...
... VOIRE POUR DES ENRICHISSEMENTS PERSONNELS !!!
POURQUOI VOULEZ-VOUS QUE LES DIRIGEANTS DE CETTE EUROPE POLITIQUE METTENT DE LA BONNE VOLONTÉ POUR SUPPRIMER CES RÉSEAUX D'ARGENT SALE DONT ILS SE SONT SERVIS POUR ASSEOIR LEUR POUVOIR ?!?
POURQUOI VOULEZ-VOUS QU'ILS FABRIQUENT UNE EUROPE QUI CONDAMNERAIT LES PRATIQUES QUI LES ONT PLACÉS LÀ OÙ ILS SONT ?
PSCHITT
POURQUOI !?!
ILS SE PROTÈGENT !
MALHEUREUSEMENT, EN SE PROTÉGEANT ...
... ILS PROTÈGENT BEAUCOUP D'AUTRES CHOSES !!!

LE DANGER SE PRÉCISE, MAIS IL EST DIFFICILE D'ÉVALUER SON IMMINENCE ...
ON REPÈRE DES MENSONGES ...
LES AFFAIRES QUI SORTENT SONT COMME UN SONDAGE DE LA CROÛTE TERRESTRE ...
ELLES DONNENT UNE IDÉE DE CE QUI EST SOUTERRAIN ...

C'EST MARGOT QUI ME GARDE, CE SOIR ...
PASSE-MOI MAMAN, S'IL TE PLAÎT !
... ÇA VA ? TU SORS CE SOIR ?
J'EN AI MARRE DE RESTER ENFERMÉE À T'ATTENDRE ...
J'AI BIENTÔT FINI ... APRÈS, J'ARRÊTE ! PROMIS !!!
T'ES OÙ, LÀ ?
IL Y A UNE FÊTE CHEZ STOCK !
... ET T'ÉTAIS OBLIGÉ D'Y ALLER ?!?
OUI ! C'EST AUSSI POUR MON LIVRE ... ON A DÉPASSÉ LES 100 000. ET TOI ?
UN RESTAU POUR L'ANNIVERSAIRE D'UNE COPINE ...
NON, TU NE LA CONNAIS PAS !!!
TOI AUSSI, AMUSE-TOI BIEN !
Stock

VOUS CROYEZ QUE PASQUA VA S'EN SORTIR ?
ET CHIRAC ?!?
JE NE SAIS PAS ...
JUPPÉ, IL A L'AIR HONNÊTE, POURTANT, NON ?!?
JE NE SAIS PAS ...
COMMENT SE FAIT-IL QUE RIEN NE SORTE SUR PASQUA ? AVEC TOUT CE QU'ON ENTEND ...
... NOUS N'AVONS RIEN INVENTÉ DEPUIS LA GRÈCE ANTIQUE. CETTE PÉRIODE ME FAIT PENSER À L'AVÈNEMENT DU TROISIÈME REICH ...
VOUS AVEZ LU HANNAH ARENDT ?
GLOUP
GLOUP
VOUS PENSEZ QU'IL EST SAIN QUE LES MOYENS MÉDIATIQUES SOIENT ENTRE LES MAINS DE MULTINATIONALES LIÉES À L'ARMEMENT ?!?
CRUM
CRUM
CRUM
PUTAIN, MON VIEUX, SI TU SAVAIS À QUEL POINT J'EN PENSE RIEN ...
C'EST À PLEURER À QUEL POINT J'EN PENSE RIEN ...
OUI, OUI ! JE SUIS D'ACCORD !!!

VOUS AVEZ VRAIMENT RÉFLÉCHI À LA PORTÉE DE CE QUE VOUS FAITES ?!?
REMUER LA MERDE ... TOUT LE MONDE PEUT LE FAIRE !!!
EXACT !!!
LA MALADIE ÉTAIT LÀ BIEN AVANT MOI, LE SEUL MOYEN DE LA COMBATTRE EST DE PASSER L'INTÉGRALITÉ DU CORPS AUX RAYONS ...
LE PHÉNOMÈNE EST PHYSIQUE, VISIBLE, ÉVOLUTIF. LA MÉTHODE COUÉ NE SOIGNE QUE LES ÂNES EN BONNE SANTÉ ...
TIP
TIP
TIP
BONJOUR ... VOUS ÊTES BIEN SUR LE RÉPONDEUR DE GÉRALDINE ... VEUILLEZ ME LAISSER UN MESSAGE ...
OUAIS, C'EST MOI ... JE M'ENNUYAIS ... JE PENSAIS À TOI !

* CECI EST BIEN ÉVIDEMMENT UNE INVENTION DE L'AUTEUR (NOTE DE L'ÉDITEUR).

OK JE DÉCONNE. D'AILLEURS JE ME CASSE.
VOUS DORMEZ OÙ ?
L'IBIS, À PIGALLE !?!
JE SUIS JOURNALISTE, MOI AUSSI ...
VOUS BOSSEZ OÙ ?!?
À FRANCE 2 ... MAIS JE SUIS EN ARRÊT MALADIE DEPUIS SIX MOIS ...
AH BON ?
JE ME SHOOTE AU LEXOMIL. JE ME SENS VIDE. J'AI LU VOTRE BOUQUIN. ÇA ME DONNE ENCORE PLUS ENVIE D'ARRÊTER CE BOULOT ...
FAUT PAS !
JE NE RESSENS PLUS GRAND-CHOSE ET C'EST TANT MIEUX !
VOUS NE VOULEZ PAS QU'ON SE BARRE D'ICI ?!?
SI !
VOUS ÊTES DÉJÀ ALLÉ EN AFRIQUE ?
OUI !
PIGALLE, S'IL VOUS PLAÎT !
TAXI

LE LENDEMAIN MATIN...
ROISSY
CHARLES DE GAULLE
PARIS
RENNES
METZ
GENÈVE
GENEVE
PALAIS DE JUSTICE
PALAIS
DE
JUSTICE

SI DES AFFAIRES SORTENT EN EUROPE, C'EST GRÂCE À LA POLITIQUE JUDICIAIRE DE CET HOMME : BERNARD BERTOSSA !
DÈS SON ÉLECTION À LA TÊTE DU PARQUET, BERNARD BERTOSSA, 54 ANS, A CHOISI LE DÉVELOPPEMENT DE L'ENTRAIDE JUDICIAIRE.
C'EST UN HÉROS MÉCONNU DE CES ANNÉES 1990 OÙ LES AFFAIRES ONT BOULEVERSÉ L'ORDRE MÉDIATIQUE ET POLITIQUE EUROPÉEN.
CLUNK
LE SECRET BANCAIRE N'A JAMAIS EXISTÉ POUR LE JUGE SUISSE ...
JUSQU'EN 1990, LES BANQUES POUVAIENT ENCORE ACCUEILLIR DES FONDS SOUS COUVERT D'ANONYMAT. CE N'EST PLUS LE CAS DEPUIS QUE LE CODE PÉNAL SUISSE PUNIT LE BLANCHIMENT D'ARGENT ...
POUR LE JUGE SUISSE, IL N'EST PAS DIFFICILE D'OBTENIR DES INFORMATIONS DE PROVENANCE BANCAIRE ...
LES OBSTACLES COMMENCENT LORSQU'IL S'AGIT DE LES TRANSMETTRE À UN JUGE ÉTRANGER ...
JE CONSIDÈRE QUE CORROMPRE À PARIS, À MILAN OU À GENÈVE, C'EST LA MÊME CHOSE ...

UN DES PLUS GRANDS TORTS DE LA JUSTICE, C'EST D'ÊTRE ENCORE ORGANISÉE DE MANIÈRE EXTRÊMEMENT NATIONALISTE ...
PAR DÉFINITION, LA DÉMOCRATIE EST INCONCILIABLE AVEC LA TRICHERIE ...
Tape Recorder
LE VRAI POUVOIR EST INACCESSIBLE À CEUX QUI DEVRAIENT LE CONTRÔLER ...
CETTE ACTIVITÉ CLANDESTINE QUI SE DÉVELOPPE ET PREND DES PROPORTIONS CONSIDÉRABLES EST LE PREMIER DANGER POUR LA DÉMOCRATIE ...
JE VOUS LE RÉPÈTE UN PEU TROP, NON ?
NON !
LES FRONTIÈRES SONT DES AVANTAGES POUR LES CRIMINELS ORGANISÉS EN PROPORTION INVERSE OÙ ELLES SONT DES INCONVÉNIENTS POUR LES AUTORITÉS JUDICIAIRES ...
DONC, LE B.A.-BA DU CRIMINEL ORGANISÉ AUJOURD'HUI, C'EST DE METTRE LE PLUS DE FRONTIÈRES POSSIBLE DANS SON RÉSEAU.
PLUS IL Y A DE FRONTIÈRES ...
... PLUS L'IMPUNITÉ EST ASSURÉE !!!

LE VIRUS SE CACHE DANS L'ORGANISME ...
... PARFOIS PENDANT DES ANNÉES.
ET PUIS UN JOUR, LORSQUE LES CONDITIONS EXTÉRIEURES LUI SONT FAVORABLES ...
... IL SE MET À SE DÉVELOPPER.
À SE RÉPANDRE ...
... PARTOUT OÙ ON NE L'ATTEND PAS.
PARFOIS, ON L'OUBLIE, IL SEMBLE DISPARAÎTRE ...
SON BUT EST DE PRENDRE CORPS DANS LE CORPS ...
... DE DEVENIR CE CORPS.

UN VIRUS EST PATIENT ...
IL PEUT ATTENDRE SON HEURE ...
... POUR REPARTIR DE PLUS BELLE.
PLUS LE VIRUS EST SILENCIEUX ...
... PLUS IL BOSSE !!!
IL FAUT LE TRAQUER ...
LAISSER LE PROJECTEUR BRAQUÉ...
LE VIRUS
SORTIR DES AFFAIRES DANS LES JOURNAUX...
... ÊTRE UN EMMERDEUR !
LE VIRUS

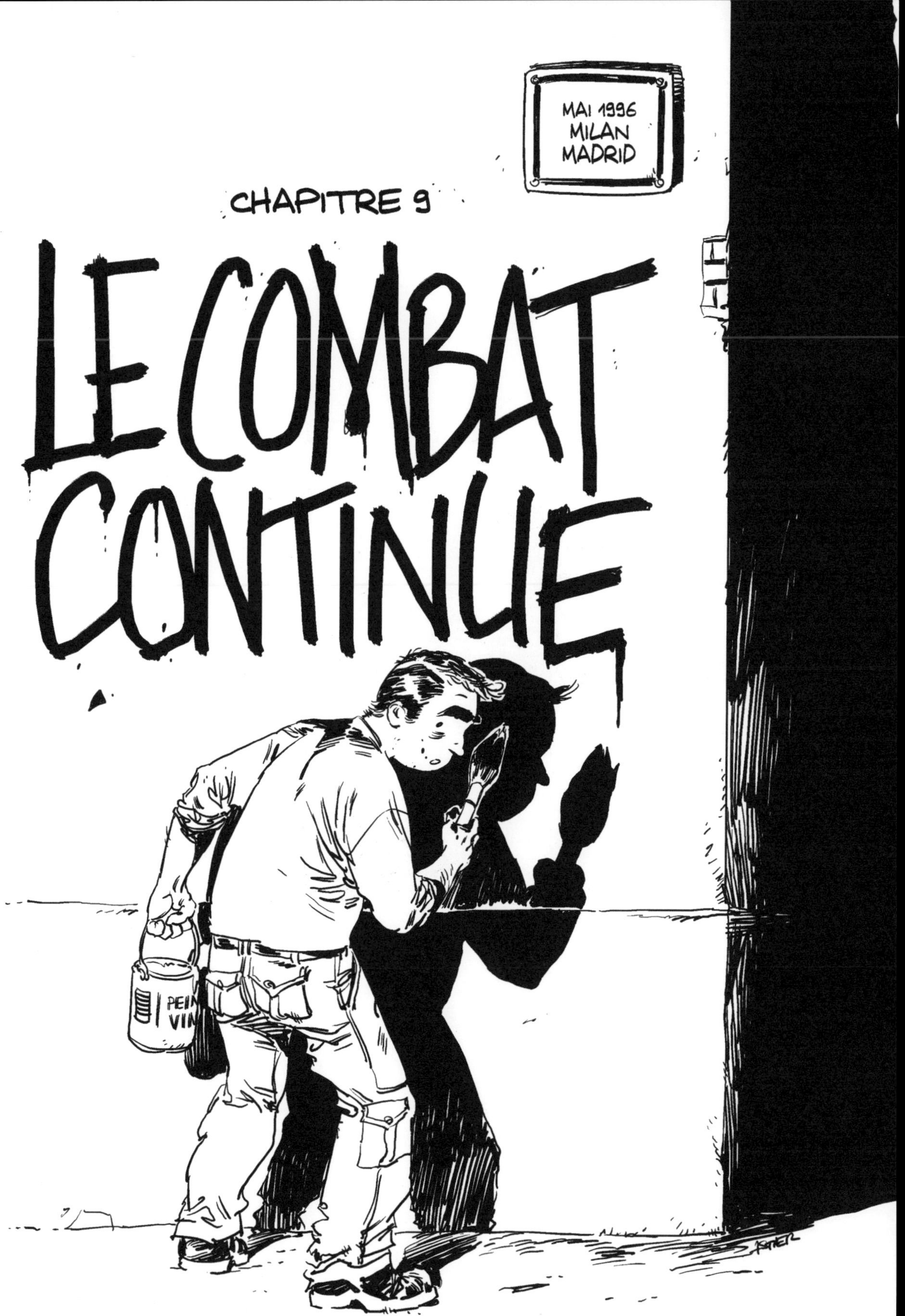
MAI 1996
MILAN
MADRID
CHAPITRE 9
LE COMBAT CONTINUE

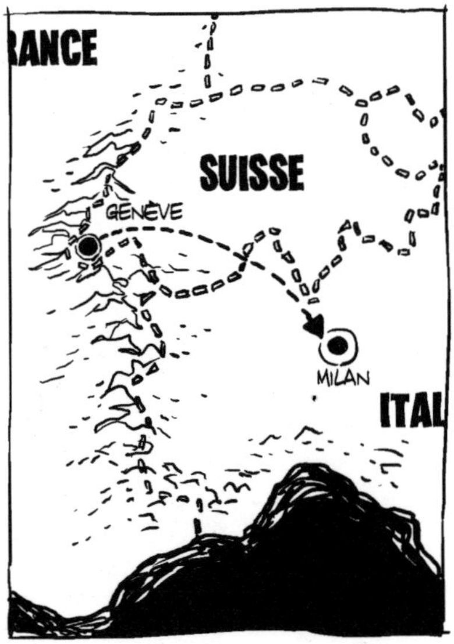
RANCE
SUISSE
GENÈVE
MILAN
ITAL

PALAIS DE JUSTICE - MILAN
IVSTITIA
GHERARDO COLOMBO EST UN DES JUGES CHARGÉS DU DOSSIER "MANI PULITE".
PLUS DE 300 PERSONNES ONT DÉJÀ ÉTÉ INCULPÉES DANS CE DOSSIER "MAINS PROPRES" QUI RÉVÈLE LA CORRUPTION ENDÉMIQUE DE LA SOCIÉTÉ ITALIENNE ...
LEX
CLUNK
VOUS CONNAISSEZ "LES MAINS SALES", LA PIÈCE DE JEAN-PAUL SARTRE ?
NON !
DANS CE LIVRE, SARTRE EXPLIQUE QUE FAIRE DE LA POLITIQUE, C'EST FORCÉMENT SE SALIR LES MAINS ...

QUE L'IDÉE DE LA PURETÉ EST UNE IDÉE RELIGIEUSE, ET QU'ON NE FAIT PAS DE POLITIQUE AVEC DE LA MORALE ...
POUR NOUS, IL S'AGIT D'UN TRAVAIL. LA SEULE CHOSE QUI COMPTE, C'EST L'APPLICATION DE LA LOI.
C'EST COMME UNE MALADIE QU'ON DÉCOUVRE. PLUS ON ESSAIE DE LA SOIGNER ET PLUS ON CONSTATE QU'ELLE EST GRAVE. JE CROIS QU'ON DEVRA TRAVAILLER ENCORE BEAUCOUP ...
JE PEUX VOUS DONNER UN EXEMPLE AMUSANT QUI MONTRE LES RAVAGES DE LA CORRUPTION ...
IL S'AGIT DE COMPARER LES DEUX CÔTÉS DE LA FRONTIÈRE ENTRE L'ITALIE ET LA SUISSE POUR LA CONSTRUCTION DE LA VOIE FERRÉE MILAN-ZURICH ...
LA DÉCISION DE CONSTRUIRE A ÉTÉ PRISE EN MÊME TEMPS, LES DEVIS DE TRAVAUX ÉTAIENT ÉQUIVALENTS. L'OUVRAGE SUISSE FONCTIONNE DEPUIS DIX ANS, MAINTENANT ...
... ALORS QUE CELUI DE MILAN NE SERA SANS DOUTE PAS ACHEVÉ AVANT PLUSIEURS ANNÉES, AVEC UN COÛT CINQ FOIS SUPÉRIEUR À CELUI PRÉVU.
AGIR VITE EST ESSENTIEL. UNE ACTION RAPIDE RÉTABLIT LA CONFIANCE ENTRE LE CITOYEN ET L'ADMINISTRATION PUBLIQUE.
C'EST L'ENLISEMENT ET LE SECRET QUI FAUSSENT LES RAPPORTS AVEC L'ÉTAT ...
JE NE SUIS ABSOLUMENT PAS SATISFAIT DE LA COLLABORATION INTERNATIONALE.
ON NE RÉAGIT PRESQUE JAMAIS EN TEMPS UTILE ...

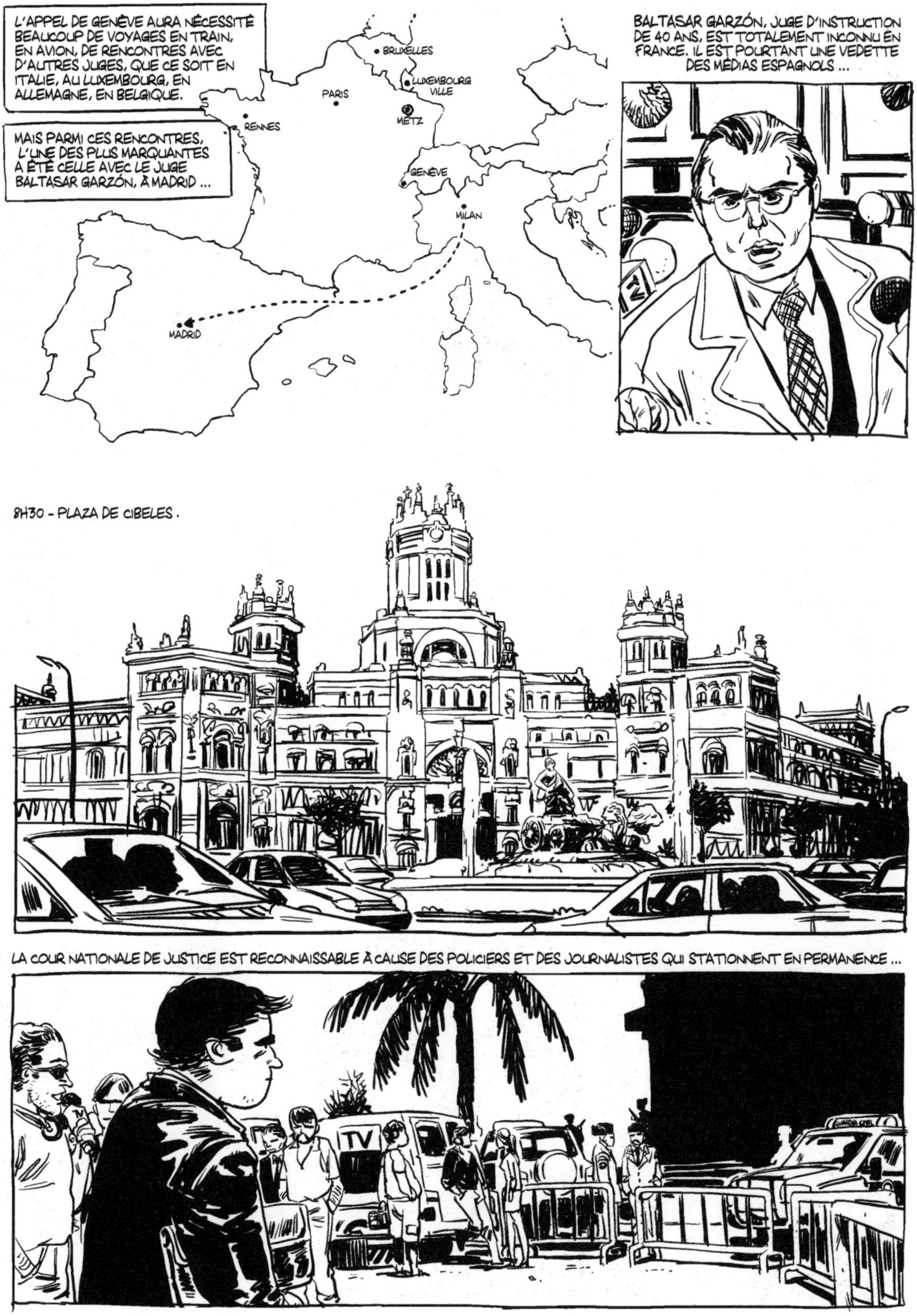
L'APPEL DE GENÈVE AURA NÉCESSITÉ BEAUCOUP DE VOYAGES EN TRAIN, EN AVION, DE RENCONTRES AVEC D'AUTRES JUGES, QUE CE SOIT EN ITALIE, AU LUXEMBOURG, EN ALLEMAGNE, EN BELGIQUE.
MAIS PARMI CES RENCONTRES, L'UNE DES PLUS MARQUANTES A ÉTÉ CELLE AVEC LE JUGE BALTASAR GARZÓN, À MADRID ...
BRUXELLES
LUXEMBOURG VILLE
PARIS
METZ
RENNES
GENÈVE
MILAN
MADRID
BALTASAR GARZÓN, JUGE D'INSTRUCTION DE 40 ANS, EST TOTALEMENT INCONNU EN FRANCE. IL EST POURTANT UNE VEDETTE DES MÉDIAS ESPAGNOLS ...
8H30 - PLAZA DE CIBELES.
LA COUR NATIONALE DE JUSTICE EST RECONNAISSABLE À CAUSE DES POLICIERS ET DES JOURNALISTES QUI STATIONNENT EN PERMANENCE ...
TV
TV

LE DÉFI DE CETTE FIN DE SIÈCLE EST LA LUTTE CONTRE LA DÉLINQUANCE ORGANISÉE ...
... LA CORRUPTION ÉTANT UNE DES COMPOSANTES.
CE N'EST PAS UNE GUERRE CONTRE LA CORRUPTION MAIS UNE GUERRE CONTRE LE CRIME ORGANISÉ.
IL S'INFILTRE IMPERCEPTIBLEMENT DANS LES STRUCTURES ET DANS LES FONDATIONS DE L'ÉTAT ...
ON PEUT PASSER DES HEURES ENTIÈRES À PARLER DE LA COORDINATION CONTRE LE BLANCHIMENT DES CAPITAUX, OU DE L'UNIFICATION DES ESPACES POLICIERS ET JUDICIAIRES ...
SI LES PARADIS FISCAUX NE DISPARAISSENT PAS, ÇA N'A PAS DE SENS ...
C'EST COMME SI ON VOULAIT SE PROTÉGER DU SOLEIL AVEC UN SEUL DOIGT. COMMENT VOULEZ-VOUS QUE CE PETIT BOUT D'OMBRE EMPÊCHE LE SOLEIL DE VOUS BRÛLER ?
UN BON INGÉNIEUR FINANCIER QUI MONTE UNE OPÉRATION DANS UN PARADIS FISCAL A ACCÈS À TOUS LES PAYS QU'IL VEUT ...
IL BLANCHIT DE L'ARGENT SANS BOUGER DE SON FAUTEUIL. EN VOYAGEANT D'UN COMPTE À L'AUTRE ET EN PAYANT DES COMMISSIONS ...
LIECHTENSTEIN
PANAMÁ
BARBADE
LUXEMBOURG

AUJOURD'HUI, IL EST PLUS FACILE D'ACHETER UNE BANQUE DANS UN PARADIS FISCAL QUE DE LA CAMBRIOLER ...
DANS LES ÎLES KITTS ET NEVIS, SITUÉES À 1 200 MILES DE MIAMI, N'IMPORTE QUI PEUT S'ACHETER UNE BANQUE POUR 15 000 DOLLARS. ENSUITE, IL NE RESTE PLUS QU'À LA DIRIGER AVEC UNE SOCIÉTÉ ANONYME...
BONJOUR, MONSIEUR ! VOUS DÉSIREZ ?
LA BANQUE !!!
BANK OF PALMS
LA BANQUE PEUT ÊTRE DIRIGÉE D'ESPAGNE OU DE FRANCE, SANS DIFFICULTÉ ...
... UNE ORGANISATION CRIMINELLE PEUT BLANCHIR 20 MILLIONS DE DOLLARS EN PAYANT UN PEU MOINS DE 200 000 DOLLARS DE COMMISSION.
L'ARGENT NE BOUGE PAS DE LA BANQUE. MAIS LES VIREMENTS ÉLECTRONIQUES PERMETTENT DE FAIRE UN ALLER-RETOUR VERS UNE SOCIÉTÉ DANS UN PAYS ÉTRANGER EN AUGMENTANT, PAR EXEMPLE, SON CAPITAL.
COMMENT LUTTER CONTRE CES PRATIQUES, ME DIREZ-VOUS !?!
LA SEULE ET UNIQUE CHANCE RÉSIDE DANS LA COORDINATION INTERNATIONALE.
MAIS NOUS NE SOMMES MÊME PAS CAPABLES DE NOUS ENTENDRE SUR LA CRISE DE LA "VACHE FOLLE", ALORS ...

LES JUSTICES D'EUROPE ME FONT PENSER À UN ÉLÉPHANT DU QUATERNAIRE. UN MAMMOUTH QUI AVANCE ...
CE QU'IL ÉCRASE, IL L'ÉCRASE BIEN !!!
MAIS CEUX QUE NOUS COMBATTONS SONT COMME DES LÉOPARDS ...
UN MAMMOUTH MET DU TEMPS MAIS, EN ÉVOLUANT, IL Y ARRIVE ...
JE SUPPOSE QU'UN JOUR, NOUS ARRIVERONS QUELQUE PART MAIS, QUAND NOUS ARRIVERONS, ILS AURONT SÛREMENT CHANGÉ DE CACHETTE ...
LES LÉOPARDS ?!?
... OUI, AVEC LEUR RAPIDITÉ, LEUR INVENTIVITÉ ET LES POSSIBILITÉS DE TRANSFORMATION DE L'ARGENT, LES CORRUPTEURS ET LES MAFIEUX DEVIENNENT INACCESSIBLES.
NOUS SOMMES LES SPECTATEURS IMPUISSANTS D'UNE FORMIDABLE DÉRÉGULATION FINANCIÈRE ...

APRÈS LA CHUTE DE L'EMPIRE SOVIÉTIQUE, LES MARCHÉS ASIATIQUES ONT EXPLOSÉ ET LA CHINE EST ARRIVÉE DANS LE SYSTÈME CAPITALISTE ...
NOUS SOMMES ENTRÉS, SANS PRÉCAUTIONS, DANS UN NOUVEAU MONDE OÙ L'ÉTAT DES FORCES A COMPLÈTEMENT CHANGÉ ...
LES SOCIÉTÉS OCCIDENTALES ONT ÉTÉ AIMANTÉES PAR LA SEULE OPPOSITION AU COMMUNISME, LE CONFLIT EST/OUEST ...
AUJOURD'HUI, IL FAUT COMPTER AVEC DE NOUVELLES FORCES : LES MARCHÉS FINANCIERS.
LA COMBINAISON DE CES FORCES EST SI COMPLEXE QU'ELLE ENGENDRE DES PHÉNOMÈNES ÉCHAPPANT À L'EMPRISE D'UN GROUPE PARTICULIER ...
PARIS
WALL STREET
TOKYO
... LA RÉVOLUTION EST PASSÉE, SANS QU'UN SEUL DES GOUVERNEMENTS D'EUROPE AIT SU RÉAGIR ...
LES HOMMES POLITIQUES, TOUS PAYS CONFONDUS, NOUS ASSOMMENT AVEC LA "MONDIALISATION" COMME SEULE EXCUSE À LEUR INCAPACITÉ À PROPOSER LA MOINDRE ALTERNATIVE AU LIBÉRALISME ...
LES ÉTATS SE SONT AFFAIBLIS. L'EUROPE, EST BANCALE ...
LES CAPITAUX CIRCULENT LIBREMENT MAIS LES JURIDICTIONS RESTENT CADENASSÉES DANS LEURS FRONTIÈRES NATIONALES ...

EN OUVRANT LES FRONTIÈRES ÉCONOMIQUES SANS CHANGER LES RÈGLES POLITIQUES, JUDICIAIRES, NI LES MISSIONS DES ÉTATS, ON A DONNÉ UN FORMIDABLE COUP D'ACCÉLÉRATEUR À LA DICTATURE DE L'ARGENT-ROI.

LIBRAIRIE
Denis Robert
Pendant les «Affaires», les affaires continuent...
25 AVRIL DÉDICACE 15-18 H
C'EST POUR MA FEMME ! METTEZ "POUR CHRISTINE" ...
ELLE AIME TOUT CE QUI EST POLITIQUE !
MOI, JE PRÉFÈRE LA BD ...
BONJOUR !
'JOUR !
... ET VOUS BOSSEZ SUR QUOI ACTUELLEMENT ?!?
SUR UN LIVRE QUI S'APPELLERA "LA JUSTICE OU LE CHAOS" ...
ÇA TRAITE DE L'IMPOSSIBILITÉ DES JUGES DE DIFFÉRENTS PAYS À LUTTER CONTRE LE CRIME FINANCIER ...
AH BEN, ÇA VA PAS ÊTRE TRISTE !
'LUT !
EXCUSEZ-MOI DEUX PETITES SECONDES ?!?
DENIS, TU AS RTL DANS 40 MIN ET FRANCE 3 DANS LA FOULÉE ...

DENIS ROBERT, VOTRE EXEMPLE MONTRE QU'IL Y A UNE VIE APRÈS LE JOURNALISME DE GROUPE ...
LES JOURNALISTES DONT VOUS PARLEZ CRAIGNENT TOUS POUR LEUR EMPLOI ...
RTL
COMMENT VOULEZ-VOUS QU'ILS SOIENT SUBVERSIFS ?!?
RTL
ALLEZ, DÉPÊCHE ! ON DOIT Y ÊTRE DANS DIX MINUTES ...
BON ALORS TU AS UNE CONFÉRENCE À NICE DEMAIN À 15 HEURES ...
C'EST À L'INVITATION DES FEMMES SOCIALISTES ET DES AMIS DU "MONDE DIPLO".
J'ACCUEILLE CE SOIR SUR CE PLATEAU DENIS ROBERT ...
... AINSI QUE VIVIANE FORRESTER !
3
DENIS ROBERT, EN QUELQUE SORTE VOUS ÊTES LE "NOUVEAU REBELLE" !?!
NON !
SI !!!
3

MAMAN, Y A PAPA À LA TÉLÉ !
AH OUI ...
LE SYSTÈME A UNE INCREVABLE CAPACITÉ À NOUS DIGÉRER, N'EST-CE PAS ?
MAMAN, QUAND EST-CE QU'IL RENTRE, PAPA ?
BEN, JE SAIS PAS, MA CHÉRIE ...
PFFF ...
QU'EST-CE QUE VOUS VOULEZ DIRE PAR LÀ ?
ALLEZ ... ET SOIS SAGE AVEC MARGOT !!!
SMACK
C'EST TELLEMENT COMPLIQUÉ CE QUE VOUS RACONTEZ ...
TU VAS RENTRER TARD ?
NON !
AUJOURD'HUI, C'EST L'HORREUR ÉCONOMIQUE ! QUAND JE PENSE À TOUS CES GENS QUI VIVENT DANS DES BARRES HLM... ÇA DOIT ÊTRE HORRIBLE !!!
ALORS ?
C'EST N'IMPORTE QUOI ...

14H - NICE, LE LENDEMAIN ...
APRÈS TA CONFÉRENCE, ON TE DÉPOSERA À TON HÔTEL ...
JE PASSERAI TE CHERCHER VERS 20 H !?!
TAXI
TU VAS VOIR, CE SOIR ON DÎNE DANS UN SUPER RESTAU ...
IL Y AURA QUI ?
QUE DU GRATIN ... DES PONTES DE LA TÉLÉ, UN JURISTE, DES GENS DU CINÉMA ... TU VERRAS, ILS VEULENT TOUS TE RENCONTRER.
À TOUT À L'HEURE !
... EN FRANCE, LE PARQUET EST TROP DÉPENDANT DU POUVOIR POLITIQUE ...
VOUS VOULEZ UNE RÉPUBLIQUE DE JUGES ?
TUNK

GERALDINE
APPELER
ALLÔ, T'ES OÙ ? MOI, JE SUIS À NICE À L'HÔTEL ...
... APPELLE-MOI QUAND TU RENTRES !
BIDIP BIDIP
OUI ?!?
C'EST LAURENT, JE SUIS EN BAS. TU DESCENDS ?
OUAIS !
LE MÉDITERRANÉE
BONSOIR !
'SOIR !

ALORS, ÇA FAIT QUOI D'ÊTRE CÉLÈBRE ?!?
PAS MAL, HEIN ?
PONTES DE LA TÉLÉ
BAH ... JE NE SUIS PAS CÉLÈBRE ...
ET PUIS ... JE N'IMAGINAIS PAS ÇA COMME ÇA ...
QUAND ON COMMENCE À ÉCRIRE, ON RÊVE DU SUCCÈS ... ET PUIS, QUAND ÇA VIENT ... ENFIN, TOUT ÇA, C'EST TRÈS PRENANT ...
CINÉASTE
AH, C'EST SÛR QUE S'ATTAQUER AUX MAGOUILLES ...
... C'EST LE BEST-SELLER ASSURÉ !!!
AVOCAT
OUI, ENFIN LES MAGOUILLES ! JE SUIS DÉSOLÉE...
... TU SAIS, DANS MA BOÎTE, ON VERSE DES POTS-DE-VIN. MAIS LES AUTRES LE FONT AUSSI, ALORS ...
IL FAUDRAIT METTRE TOUT LE MONDE EN PRISON DANS CE CAS-LÀ !
JURISTE
BIEN SÛR ! C'EST CE QUE SE DIT LE MEC QUI DÉTROUSSE LES PETITES VIEILLES ... SI C'EST PAS MOI, CE SERA UN AUTRE !!!
DÉPUTÉ SOCIALISTE

POUR NOUS, À LA TÉLÉ, ÇA DEVIENT DÉLICAT DE PARLER DES AFFAIRES ...
TANT QU'IL S'AGIT DE CONTRIBUER À UN COUP TORDU PAR TEL OU TEL MINISTRE, ÇA VA ...
MAIS SI ON VEUT FAIRE NOTRE BOULOT EN TOUTE IMPARTIALITÉ, ON A RAPIDEMENT DES SOUCIS ...
JE PENSE QUE POUR BIEN PARLER DES AFFAIRES, LE MIEUX EST D'AVOIR RECOURS À LA FICTION ...
VOUS AVEZ RAISON !
ENCORE UNE CHANCE QU'ILS NE VOUS AIENT PAS COLLÉ UN PROCÈS !
ÇA VIENDRA ! HA HA HA !
VOUS M'EXCUSEZ CINQ PETITES MINUTES, IL FAUT QUE JE PASSE UN COUP DE FIL ...
VOUS VOULEZ APPELER VOTRE AVOCAT ?
TUUT ... VOUS ÊTES BIEN SUR LE RÉPONDEUR DE GÉRALDINE ...
... VEUILLEZ ME LAISSER UN MESSAGE ...

BIDIP
BIDIP
OUI, ALLÔ !?!
... C'EST JEAN-EDERN HALLIER ...
... J'AIMERAIS BEAUCOUP QU'ON SE VOIE ...
BIDIP
BIDIP
ALLÔ ! C'EST PHILIPPE HAREL ... JE ME DISAIS QUE CE SERAIT BIEN DE FAIRE UN FILM ...
OUI, ALLÔ ?!?
SNCF
... C'EST ALEXANDRE DE CHEZ ALBIN MICHEL. J'AI UNE IDÉE POUR VOUS ...

SALUT, LES FILLES !
PAPA !!!
AH, TU TE SOUVIENS QU'ON EXISTE ?!?
EXCUSE-MOI !!!

PUTAIN, CE QUE JE SUIS CONTENT DE RENTRER !!!
POURTANT, ÇA DOIT ÊTRE BIEN DE VOYAGER. LES HÔTELS, LES AVIONS, TOUT ÇA ...
NON ! À LA LONGUE, ÇA FAIT CHIER !!!
ET NIVEAU GONZESSES ?!?
TROP GALÈRE ...
C'EST UN PEU DUR EN CE MOMENT, À LA MAISON. GÉRALDINE DIT QUE J'ÉTAIS PLUS DISPONIBLE QUAND JE BOSSAIS À PARIS ...
ACHÈTE-LUI UNE BAGUE !!!
C'EST PAS LE GENRE ...
TOUTES LES FEMMES AIMENT LES BAGUES !
NON ! FAUT QUE JE M'OCCUPE PLUS DE MA FILLE ...
... ET QUE JE DÉCROCHE DES AFFAIRES.

JE FAIS ENCORE CE BOUQUIN ET J'ARRÊTE !
APRÈS, JE ME REMETS À MON ROMAN ...
C'EST QUOI LE THÈME ?
J'HÉSITE ENCORE ENTRE DEUX TRUCS : L'HISTOIRE D'UN TYPE QUI DÉCROCHE DU JOURNALISME ...
ET ?
L'HISTOIRE D'UN TYPE QUI EST ADDICT AU SEXE ! TU SAIS QUE C'EST COMME UNE DROGUE ? JE VIENS DE LIRE UN RAPPORT SUR LE SUJET ...
TU VEUX UN CONSEIL ?
CHOISIS LE CUL !!!
... MAIS T'AVAIS PAS UN FILM À FAIRE AVEC PHILIPPE HAREL ?!?
SI ! MAIS ÇA VA ÊTRE TRANQUILLE. IL BOSSERA POUR DEUX ...
ET C'EST QUOI LE TITRE ?
"JOURNAL INTIME DES AFFAIRES EN COURS" !!!

DRINN
OK, LAURENT, J'AURAI BIENTÔT FINI ! ENSUITE, JE M'ATTAQUE À MA PREMIÈRE VERSION DE NOTRE CHARTE POUR UNE JUSTICE EUROPÉENNE ...
ON DEVRAIT PLUTÔT APPELER ÇA !?! EUH ...
À TABLE !
... UN APPEL !
UN APPEL DE QUOI ?!?
À TAAABLE !
JE NE SAIS PAS ... UN APPEL POUR UNE JUSTICE ÉGALE POUR TOUS ...
QU'EST-CE QU'ON MANGE ?!?
MMM ! DES NAVETS ...
TU TE FOUS DE MOI, TU AS HORREUR DE ÇA ...
NON, C'EST BOOON ! HUMMMMM !!!

TIENS, JE T'AI FAIT UN CADEAU !
JE L'AI TROUVÉ CHEZ L'ANTIQUAIRE ...
YVES FARGE
LE PAIN DE LA CORRUPTION
DU CHÊNE
ATTENDS ! MOI AUSSI, JE T'AI FAIT UN CADEAU ...
"UN VOLUME IMPORTANT DE CAPITAUX CIRCULE ENTRE CONTINENTS EN DÉPIT DES CONTRÔLES "...
"UNE MASSE FLOTTANTE, CLANDESTINE ALIMENTE LES CAISSES DES GRANDS INITIÉS AU DÉTRIMENT DES MONNAIES ET DES ÉCONOMIES D'ÉTAT "...
"UNE VÉRITABLE INTERNATIONALE CLANDESTINE OPÈRE À LA FAVEUR DES AUTARCIES MONÉTAIRES "...
"SES ADHÉRENTS, POUR LESQUELS TOUTE RÉGLEMENTATION NOUVELLE EST UNE AUBAINE, TIRENT DES REVENUS CONSIDÉRABLES D'UNE FRAUDE ORDONNÉE, DIRIGÉE, AYANT SES LOIS SILENCIEUSES "...
"ET SE DÉVELOPPANT DANS CETTE ZONE INDÉFINIE RÉSERVÉE AUX DERNIERS BÉNÉFICIAIRES D'UN CAPITALISME LIBÉRAL QUE L'ON CROYAIT MORIBOND "...

* YVES FARGE (1899-1953), ANCIEN MINISTRE DU RAVITAILLEMENT DU GOUVERNEMENT BIDAULT DU 8 JUILLET AU 16 DÉCEMBRE 1946.

1ER JUILLET 1996
PARIS
FRANCE
ÊTRE OU AVOIR ?
CHAPITRE 10
Magic Man
THAT IS THE QUESTION ...

PARIS - XVIe ARRONDISSEMENT.
ANCIEN BANQUIER, MAGIC MAN ACHÈTE DES COMPAGNIES AÉRIENNES AMÉRICAINES, DU PÉTROLE NIGÉRIAN, ET MÊME PARFOIS DES TEE-SHIRTS POUR JACQUES CHIRAC ...
IL SE BALADE ENTRE LONDRES, LAUSANNE, MONACO ET PARIS. IL N'EXISTE PAS, IL NE FRAUDE PAS, IL SURVOLE LE MONDE TEL UN JEUNE AIGLE ROYAL ...

POURQUOI TU L'APPELLES MAGIC MAN ?
POUR LUI, TOUT EST AFFAIRE DE PASSE-PASSE ...
TU CROIS QU'IL VOUDRA TÉMOIGNER ?
ON VERRA ! EN TOUT CAS, IL M'A PERMIS DE COMPRENDRE CERTAINES RÈGLES EN VIGUEUR DANS LE MONDE DE L'ENTREPRISE ...
C'EST UN POTE ?
PAS VRAIMENT ! MAIS JE LUI AI RENDU SERVICE ...
COMMENT ?
... EN NE LE CITANT PAS DANS UN ARTICLE.
C'ÉTAIT UN INVESTISSEMENT POUR PLUS TARD.
AH, DENIS ! QUEL PLAISIR !!!
JE VOUS PRÉSENTE PHILIPPE HAREL ...
OUI, JE CONNAIS !
ALORS, TOUJOURS À LA TRAQUE DES CRIMINELS ?!?

ON FAIT UN FILM ET ...
ET VOUS VENEZ VOIR UN REQUIN DE LA FINANCE !
EXACT !
ALLEZ, CHAMPAGNE !!!
VOUS SAVEZ, DENIS ... VOUS, VOS JUGES, ET VOS AMIS DU PARTI SOCIALISTE ...
MOUAIS ...
QUOI ? CE NE SONT PAS VOS AMIS ?!?
PAS VRAIMENT, NON ...
EH BIEN, TOUT CE BEAU MONDE DÉPEND DES GRANDS REQUINS DE LA FINANCE, ET ILS SAVENT TRÈS BIEN QU'ON DOIT FAIRE TOURNER LA MACHINE ...
ELLE TOURNERA AUSSI LONGTEMPS QU'ON AURA LES YEUX FERMÉS ...
SI VOUS RETIREZ DU SYSTÈME LES 10% DU PÉTROLE OU LES 10% DE LA DROGUE, LE MONDE IMPLOSE ...
OIL
L'ARGENT SALE EST UTILE AU SYSTÈME CAR IL RETARDE LA CHUTE DU CAPITALISME !

PRENEZ LE "CHIFFRE D'AFFAIRES" ANNUEL DE LA FRANCE, ÇA PÈSE EN GROS 1 500 MILLIARDS DE DOLLARS ... EH BIEN, C'EST CE QUI CIRCULE EN UNE SEMAINE SUR LES MARCHÉS !
C'EST UNE ÉNORME MACHINE ! LE JUGE ARRIVE EN BOUT DE COURSE POUR ÉTUDIER UN DOSSIER ...
PENDANT CE TEMPS, IL Y EN A 100 000 QUI SE FONT DANS SON DOS.
SON ACTION NE PEUT ÊTRE QU'EXEMPLAIRE. ON NE RATISSERA JAMAIS ASSEZ L'ARGENT SALE. IL Y EN AURA TOUJOURS PLUS !
VOUS ACCEPTERIEZ DE DIRE ÇA, FACE CAMÉRA ?
HA HA HA
ÉCOUTEZ ! JE VEUX BIEN VOUS AIDER, MAIS SI JE PARLE, JE SUIS MORT ...
POUR RÉUSSIR DANS MON BOULOT, IL FAUT CHOISIR SES ÉCRANS ...
... REGARDEZ-MOI SUR LCI, SAMEDI !!!
NON, SÉRIEUSEMENT, DENIS SAIT QUE JE L'AIME BIEN ...
... ET QUE JE TROUVE SON TRAVAIL SALVATEUR.
MAIS APPARAÎTRE DANS VOTRE FILM SERAIT...
... CONTRE-PRODUCTIF ?!?

LES CAPITAUX CLANDESTINS ONT TOUJOURS EXISTÉ. TOUT COMME LES MAFIAS, OU LES PARADIS FISCAUX ... CE QUI EST NOUVEAU, C'EST LEUR EXPLOSION, LA VITESSE DES ÉCHANGES ET LA PARFAITE INADAPTATION DES SYSTÈMES DE CONTRÔLE ...

EN OUVRANT LES FRONTIÈRES ÉCONOMIQUES MAIS SANS CHANGER LES RÈGLES JUDICIAIRES NI LES MISSIONS DES ÉTATS, LES DIRIGEANTS POLITIQUES EUROPÉENS ONT DONNÉ UN COUP D'ACCÉLÉRATEUR À UNE ÉCONOMIE SOUTERRAINE INVISIBLE ...

LE TERME DE CORRUPTION EST TROP FAIBLE POUR DÉCRIRE CE "MONDE DE L'ENTREMISE", COMME L'APPELAIT YVES FARGE, OÙ NAVIGUENT DES BANQUIERS, DES AVOCATS, DES MAFIEUX, DES INTERMÉDIAIRES ...

J'EN AI RENCONTRÉ PLUSIEURS AU COURS DE MES INVESTIGATIONS. JE ME SUIS SERVI DE LEURS INFORMATIONS. J'AI DÛ USER DE TRÈS NOMBREUX ARGUMENTS POUR LES CONVAINCRE DE PARLER ...

JE NE PRÉSENTE PAS DE DANGER POUR EUX. ET JE NE PAIE PAS ...
J'AI MIS DU TEMPS À COMPRENDRE QUE PERSONNE ICI NE PARLE POUR SOULAGER SA CONSCIENCE ...
... ET QUE LE SYSTÈME CAPITALISTE ET LES RÉSEAUX INFORMATIQUES ONT ENFANTÉ UN GENRE HUMAIN DE PLUS EN PLUS CONNECTÉ ...
REC
DV
... POUR QUI LE SENS DE LA VIE SE RÉSUME À "ÊTRE POUR AVOIR" ...
... ET À "AVOIR POUR ÊTRE" ...
J'AI LU ÇA QUELQUE PART !
ÇA SE TIENT, NON ?
TU TE PRENDS POUR KANT ?!?
QUI ÇA ?
LAISSE TOMBER !

LE SYSTÈME A BESOIN DE TYPES COMME MAGIC MAN, AVIDES DE POUVOIR ...
ILS PRENNENT PLAISIR À DOMINER L'AUTRE ET À JOUER AU CHEF ...
ET ALORS ?
ILS SONT ASSEZ SEULS, AU FOND !
NE ME DIS PAS QUE TU LES PLAINS ...
PRESQUE !

AOÛT 1996
METZ
FRANCE
FR
CHAPITRE 11
Chaîne
Inhumaine

CENTRE-VILLE DE METZ - UN SAMEDI APRÈS-MIDI.
BAR - RESTAURANT
CAFE GLACIER
BAR

BONJOUR ! EXCUSEZ-MOI, VOUS TRAVAILLEZ TOUJOURS À "LIBÉ" ?!?
NON, J'AI DÉMISSIONNÉ ...
C'EST QUI LE MONSIEUR, MAMAN ?
C'EST CON, J'AVAIS DES PHOTOS À VOUS MONTRER !!!
ON AURAIT PU BOSSER ENSEMBLE ...
VOUS VOUS APPELEZ COMMENT ?
RENÉ TAESCH !
JE SUIS UN PEU DANS LA MERDE EN CE MOMENT ...
JE PEUX JETER UN OEIL SUR LES PHOTOS ?
MAMAN, C'EST QUI ?

DIS, C'EST QUOI, PAPA ?
BEAUCOUP D'ENTRE EUX SONT MORTS AUJOURD'HUI ...
LÀ SUR LE BANC, IL EST MORT ?
OUI ! C'ÉTAIT UN SDF, UN MATIN À 6 HEURES. JE RENTRAIS DU BISTROT ...
C'ÉTAIT QUI ?
IL S'APPELAIT ANDRÉ. IL ÉTAIT OUVRIER FRIGORISTE ...
SA BOÎTE A ÉTÉ VENDUE À UN FONDS DE PENSION ET IL S'EST RETROUVÉ AU CHÔMAGE ...
IL S'EST MIS À PICOLER, SA FEMME L'A QUITTÉ ...
QUI C'EST QUI A PICOLÉ, MAMAN ?
JE PEUX LES GARDER ?!? J'AI UNE IDÉE ...
BEN ... OUAIS !!!

ON DEVRAIT FAIRE UN LIVRE DE PHOTOS. JE TE JURE, ELLES SONT INCROYABLES !
CE SONT TOUS DES VICTIMES DE CE QU'ON DÉNONCE ...
EXPLIQUE-MOI COMMENT UN PAYS AUSSI RICHE QUE LE NÔTRE PRODUIT AUTANT DE SDF ?
OK ! ON FAIT LE BOUQUIN AVEC LES JUGES, ET APRÈS, ON VOIT POUR TON BOUQUIN AVEC LE GARS ... COMMENT IL S'APPELLE DÉJÀ ?!?
TAESCH ... RENÉ TAESCH !
OK, OK, OK !
BON ... T'EN ES OÙ AVEC LES JUGES ?
C'EST PRESQUE FINI ...
J'AI CONVAINCU BERTOSSA DE NOUS INVITER À GENÈVE.

POUR METTRE ANDRÉ LE FRIGORISTE SUR LA PAILLE ...
... IL A FALLU DES CIRCONSTANCES, DES OUTILS ...
... ET UNE LONGUE CHAÎNE DE RESPONSABILITÉS.
LICENCIEMENT
IL A SURTOUT FALLU UN TYPE COMME MAGIC MAN ...
ON VEND LA FILIÈRE !
IL A FALLU AUSSI UN AGENT DU FIDUCIAIRE ...
OUI, TOUT ! C'EST LE BON MOMENT ...
LE PREMIER JOUE SA CARTE ET SES INTÉRÊTS ...
LE SECOND FERME LES YEUX ET AGIT EN TECHNICIEN DE LA FINANCE ...
OK ! JE VÉRIFIE QUELQUES DONNÉES ET JE METS ÇA EN ROUTE ...
ON PEUT DIRE QUE LE SDF EST UN FAIBLE, QU'IL FERAIT MIEUX D'ALLER BOSSER ...
ON PEUT DIRE QUE MAGIC MAN OU LE BROKER SONT LIBRES DE MENER LEUR VIE COMME ILS L'ENTENDENT ...
ON PEUT DIRE TOUT CELA !
FRAGILE

LE SYSTÈME LIBÉRAL PEUT TRÈS BIEN FONCTIONNER EN NE TRICHANT PAS, MAIS EN FAISANT JOUER UNIQUEMENT LA CONCURRENCE ...
TOUS CES INVESTISSEMENTS OFF SHORE, CES PACTOLES PLANQUÉS À JERSEY OU CES HOMMES DE PAILLE NE SONT PAS LES ATTRIBUTS DU LIBÉRALISME ...
ILS SONT SA MORT !!!
... ET LA MORT DES SDF !!!
À QUOI BON AVOIR TROIS BMW ALORS QU'UNE SEULE SUFFIT ?
LES YACHTS, C'EST VRAIMENT MOCHE ET ÇA POLLUE !
SI J'ÉTAIS PRÉSIDENT, JE SERAIS UNE VRAIE TEIGNE POUR LES GENS TRÈS RICHES ET LEURS INTERMÉDIAIRES FINANCIERS ...
ILS ONT UNE RESPONSABILITÉ IMPORTANTE DANS LA CHAÎNE HUMAINE QUI MÈNE AUX EXCLUSIONS ...
MA CONCLUSION EST DÉCEVANTE. ELLE EST LE FRUIT D'UNE LONGUE INSOMNIE.
J'AI BEAU ME CREUSER, JE NE VOIS PAS D'AUTRES SOLUTIONS POUR SAUVER LES SDF DU NAUFRAGE ...

OCTOBRE 1996
GENÈVE
SUISSE
CHAPITRE 12
L'Appel

UNIVERSITÉ DE GENÈVE - 1ER OCTOBRE 1996.

MISTER BERTOSSA !?!
MISTER BERTOSSA, DO YOU THINK THIS MEETING IS ALREADY A VICTORY ?
MISTER BERTOSSA ...
S'IL VOUS PLAÎT, MONSIEUR LE JUGE...
MONSIEUR LE JUGE ?
SINIOR COLOMBO, DOVE SONE LE VERI CRIMINALE OGGI ?
WARUM EXISTIEREN NOCH DIESEN GRENZEN ZWICHEN IHNEN ?
DENIS ? CAVADA POUR TOI AU TÉLÉPHONE ...
ATTENDEZ, DENIS ! SI VOUS ME FAITES CE COUP-LÀ, JE NE FAIS PAS L'ÉMISSION ...
ON VOULAIT L'EXCLU POUR LA MARCHE DU "SIÈCLE" !!!
France 3

OUI, MAIS LÀ, C'EST LE 20 H DE FRANCE 2 ...
FRANCE 2, FRANCE 3, C'EST BIEN LE MÊME GROUPE, NON ?
JE M'EN FOUS ! UNE EXCLU, C'EST UNE EXCLU ...
JE VOUS EMMERDE !
QUELLE PLAIE, CE CAVADA !
QUEL CON, CE ROBERT !!!
MESSIEURS, S'IL VOUS PLAÎT ? IL EST GRAND TEMPS DE VOUS INSTALLER ...
CLAP
CLAP
BALTASAR GARZÓN REAL
BENOÎT DEJEMEPPE
GHERARDO COLOMBO
BERNARD BERTOSSA
RENAUD VAN RUYMBEKE
EDMONDO BRUTI LIBERATI
CARLOS JIMÉNEZ VILLAREJO
DENIS ROBERT

CETTE EUROPE DES COMPTES À NUMÉROS ET DES LESSIVEUSES À BILLETS EST UTILISÉE POUR RECYCLER L'ARGENT DE LA DROGUE, DU TERRORISME, DES SECTES, DE LA CORRUPTION ET DES ACTIVITÉS MAFIEUSES ...
LES AUTORITÉS POLITIQUES SE RÉVÈLENT INCAPABLES DE S'ATTAQUER CLAIREMENT À CETTE EUROPE DE L'OMBRE.
À L'HEURE DES RÉSEAUX INFORMATIQUES, L'ARGENT D'ORIGINE FRAUDULEUSE PEUT CIRCULER À GRANDE VITESSE D'UN COMPTE À UN AUTRE, SOUS COUVERT DE SOCIÉTÉS OFF SHORE ANONYMES, CONTRÔLÉES PAR DE RESPECTABLES FIDUCIAIRES GÉNÉREUSEMENT APPOINTÉES.
CET ARGENT EST ENSUITE PLACÉ OU INVESTI HORS DE TOUT CONTRÔLE. L'IMPUNITÉ EST AUJOURD'HUI QUASI ASSURÉE AUX FRAUDEURS ...

IL DEVIENT NÉCESSAIRE D'INSTAURER UN VÉRITABLE ESPACE JUDICIAIRE EUROPÉEN AU SEIN DUQUEL LES MAGISTRATS POURRONT RECHERCHER ET ÉCHANGER LES INFORMATIONS UTILES AUX ENQUÊTES EN COURS.
NOUS SOUHAITONS, AU NOM DE L'ÉGALITÉ DE TOUS LES CITOYENS DEVANT LA LOI, LA SIGNATURE DE CONVENTIONS INTERNATIONALES ENTRE PAYS GARANTISSANT LA LEVÉE DU SECRET BANCAIRE ...
PAR CET APPEL, NOUS DÉSIRONS CONSTRUIRE UNE EUROPE PLUS JUSTE ET PLUS SÛRE OÙ LA FRAUDE ET LE CRIME NE BÉNÉFICIENT PLUS D'UNE LARGE IMPUNITÉ.
IL EN VA DE L'AVENIR DE LA DÉMOCRATIE EN EUROPE, ET LA VÉRITABLE GARANTIE DES DROITS DU CITOYEN EST À CE PRIX.

LE LENDEMAIN MATIN ...

CHAPITRE 13
Pause Baby-Foot

JOHN MAYNARD KEYNES A DIT QUE LE CAPITALISME ÉTAIT LA CROYANCE STUPÉFIANTE QUE LES PIRES HOMMES ALLAIENT FAIRE LES PIRES CHOSES POUR LE PLUS GRAND BIEN DE L'HUMANITÉ ...
VOUS VOULEZ QUE JE RÉPÈTE ?

SOIRÉE DU 24 DÉCEMBRE ...
PAPA, PAPA !?!
PAPA, VIENS ! LE PÈRE NOËL VA PASSER ...
ALORS ? ON N'EST PAS BIEN LÀ ?!?
SI !
LE PÈRE NOËL !!!

SALUT, LES ENFANTS !!!
ON DEVRAIT RESTER ICI !?!
UNE PINA COLADA, MESSIEURS ?
NON, UN TI' PUNCH !!!
UN BABY-FOOT ?!?
YES !!!
TU VOIS, FAUT QUE TU TE REPOSES DE TEMPS EN TEMPS !
ON DEVRAIT S'ACHETER UNE MAISON À PLUSIEURS, ICI ! QU'EST-CE QUE VOUS EN PENSEZ ?

JE N'AI RIEN CONTRE LE SÉNÉGAL, MAIS C'EST UN PEU LOIN, NON ?!?
TU PARLES ! UN COUP D'AVION ...
MOUAIS ...
T'AS PAS L'AIR CONVAINCU ?!?
PAS TROP, NON !
EN TOUT CAS, Y A DU PROGRÈS ! ÇA FAIT TROIS JOURS QUE JE NE T'AI PAS VU AVEC TON PORTABLE ...
CLANC
ET BUT !
SALIGAUD !!!

BIENVENUE SUR VOTRE MESSAGERIE ... VOUS AVEZ 32 NOUVEAUX MESSAGES ... BONJOUR, C'EST CHANTAL PACARY ... BONJOUR, C'EST JEAN-CLAUDE MÉRY ... BONJOUR, C'EST MAÎTRE LUDOT ... OUI, VOUS NE ME CONNAISSEZ PAS, JE TRAVAILLE AVEC FRANÇOIS LÉOTARD ... ALLÔ, DENIS, QU'EST-CE QUE TU FOUS ? C'EST JOËL ! RAPPELLE-MOI ! J'AI UN TRUC POUR TOI, ÇA CONCERNE LA MORT DE BROGLIE ..

CHAPITRE 14
Journal Intime des Affaires en Cours
DÉCEMBRE 1996
JANVIER 1997
METZ / PARIS
FRANCE

CHANTAL
ÉTAIT COMME UN FANTÔME
QUI SURGISSAIT DU PASSÉ
APRÈS ELLE
CE SERAIT FINI !

31 DÉCEMBRE 1996.
MES CHERS COMPATRIOTES ...
... 1997 SE PRÉSENTE COMME UNE BONNE ANNÉE ...
VIVE LA RÉPUBLIQUE !
ET VIVE LA FRANCE !
JE VIS DANS UN PAYS OÙ TOUS LES 31 DÉCEMBRE À 20 HEURES ...
... LE PRÉSIDENT DE LA RÉPUBLIQUE ME SOUHAITE UNE BONNE ANNÉE !
TU VOIS, PHILIPPE ...
ON DEVRAIT COMMENCER LE FILM COMME ÇA !?!
OUI, ET ENSUITE ?
ON VOYAGE, ET TU ME SUIS !!!
MMM ...
ON ME VOIT DIALOGUER AVEC DIFFÉRENTES PERSONNES ...
MOTEUR ?
ÇA TOURNE !!!

MON FRÈRE HABITE FAMECK. IL ASSEMBLE DES TÉLÉVISEURS CHEZ DAEWOO, 45 HEURES PAR SEMAINE. TOUS LES DIMANCHES, IL JOUE AU FOOTBALL. IL EST HEUREUX ...
ÇA VA, DENIS ?
HÉ, ARRÊTEZ DE ME FILMER !!!
TU GAGNES COMBIEN PAR MOIS ?
EUH ... 5800 FRANCS AVEC LES PRIMES ! ET À NOËL, ON NOUS DONNE UNE BOUTEILLE DE ROSÉ DANS UNE CAISSE EN BOIS ...
LE PRÉSIDENT DE MA RÉGION, LA LORRAINE, S'APPELLE GÉRARD LONGUET ...
73 CONSEILLERS Y SONT ÉLUS. 230 FONCTIONNAIRES TRAVAILLENT DANS SES NOUVEAUX LOCAUX À METZ. SON BUDGET EST DE 2 MILLIARDS DE FRANCS ...
MON DÉPARTEMENT, LA MOSELLE, COMPTE 51 CONSEILLERS. SON BUDGET EST DE 3 MILLIARDS DE FRANCS ...
CONSEIL GÉNÉRAL
MOSELLE
TOUT CE QUI SE CONSTRUIT COMME ROUTES, LYCÉES, BÂTIMENTS PUBLICS OU GRANDS COMMERCES PASSE PAR LE FILTRE DE CES DEUX INSTANCES ÉLUES AU SUFFRAGE UNIVERSEL ...

LEUR BUDGET DE COMMUNICATION ET DE REPRÉSENTATION EST D'ENVIRON 30 MILLIONS DE FRANCS ...
30 MILLIONS DE FRANCS POUR PEINDRE LA VIE EN ROSE ...
LE MAIRE DE FAMECK S'APPELLE MICHEL LIEBGOTT. NOUS SOMMES ALLÉS À L'ÉCOLE ENSEMBLE ...
JE SUIS CONVAINCU DE L'IMPUISSANCE DU POLITIQUE FACE À CES GROUPES ÉCONOMIQUES ...
JE ME RENDS COMPTE QU'ON NE DÉCIDE QUASIMENT PLUS RIEN ...
TOUT NOUS EST IMPOSÉ DU SOMMET !
FINALEMENT, ON NE SAIT PAS TROP D'OÙ !
LE POLITIQUE COLMATE ...
IL N'EST PLUS CELUI QUI CONÇOIT LA SOCIÉTÉ DE DEMAIN ...

RENÉ LEUCART - PREMIER SECRÉTAIRE FÉDÉRAL DU PARTI SOCIALISTE POUR LA MOSELLE ...
LA CGE OU LA COMPAGNIE GÉNÉRALE DES EAUX NOUS FINANÇAIT ...
ELLE CONSIDÉRAIT QUE C'ÉTAIT DE L'INVESTISSEMENT À LONG TERME ...
EN JANVIER 1995, LES ENTREPRISES N'AVAIENT PLUS LE DROIT DE DISTRIBUER DE L'ARGENT. À PARTIR DE LÀ, QU'EST-CE QUI S'EST PASSÉ ?
LES VALISES ONT CIRCULÉ UN PEU PARTOUT ...
ÉLIE COHEN - ÉCONOMISTE
LA FRANCE EST UN DES DERNIERS PAYS OÙ L'ÉTAT ORGANISE L'ENSEMBLE DE LA SOCIÉTÉ ...
NOUS SOMMES VRAIMENT DANS UNE SOCIÉTÉ PYRAMIDALE ...
CE QUI ME SEMBLE TRÈS INQUIÉTANT, C'EST LE FAIT QUE LES GROUPES DE PRESSE ET DE COMMUNICATION SOIENT CONTRÔLÉS PAR DES GENS ...
... QUI ONT BESOIN D'EXERCER UNE AUTORITÉ SUR L'ÉTAT, OU UNE INFLUENCE SUR L'ÉTAT.
NOAM CHOMSKY - LINGUISTE
LA SOI-DISANT OBJECTIVITÉ ET LA PRÉTENDUE NEUTRALITÉ DES COMMENTAIRES SOCIAUX OU DE SIMPLES REPORTAGES CACHENT DES PRÉSUPPOSITIONS ET DES PRINCIPES IDÉOLOGIQUES QUI S'EFFONDRENT RAPIDEMENT LORSQU'ILS SONT MIS À NU ...
PLUS UN GROUPE DOMINE DANS LA SOCIÉTÉ, PLUS IL MET EN AVANT DES POLITIQUES QUI SERVENT SES INTÉRÊTS ...

METZ - QUELQUES JOURS PLUS TARD.
DRIINN DRINN
DRINN
MONSIEUR ROBERT ? JE M'EXCUSE DE VOUS APPELER CHEZ VOUS ...
... MAIS VOUS N'AVEZ PAS RÉPONDU À MES MESSAGES. JE M'APPELLE CHANTAL PACARY !
JE VOUS CONNAIS ?
ON PEUT SE VOIR ?
JE NE SAIS PAS, JE ...
JE VOUS APPELLE D'UN HÔPITAL, JE N'EN AI PLUS POUR TRÈS LONGTEMPS ...
OK ! DEMAIN, ÇA VOUS VA ?
JE CROYAIS QUE TU ARRÊTAIS !?!
CAS DE FORCE MAJEURE ...

PARIS - INSTITUT CURIE.
INSTITUT CURIE
CHANTAL PACARY A ÉTÉ, AVEC SON MARI MICHEL, LA GÉRANTE DE LA SOCIÉTÉ RHODDLAMS, UNE OFFICINE AYANT ARROSÉ DES DIZAINES D'ÉLUS.
APRÈS HUIT MOIS DE PRISON, ATTEINTE D'UN CANCER, LÂCHÉE PAR SON MARI, ELLE VEUT S'EXPLIQUER, UN PEU POUR SE VENGER...
... MAIS AUSSI PARCE QU'ELLE N'A PLUS GRAND-CHOSE À PERDRE.
BONJOUR !
CELUI QUI N'ÉTAIT PAS DANS UN RÉSEAU DE CORRUPTION ÉTAIT UN IDIOT...
PUISQUE LES AUTRES LE FAISAIENT, POURQUOI PAS NOUS !?!
APRÈS, C'EST UN ENGRENAGE ...

J'AI CONNU DES HOMMES QUI VENAIENT D'ÊTRE ÉLUS POUR LA PREMIÈRE FOIS DÉPUTÉ ET MAIRE ...
AU DÉPART, LE BUDGET DE LA COMMUNE, C'EST JUSTE DES CHIFFRES. ÇA NE REPRÉSENTE PAS DE L'ARGENT CONCRET ...
PUIS, PEU À PEU, LES CHOSES CHANGENT, LEUR VIE CHANGE ...
ILS QUITTENT LEUR FEMME, PRENNENT DES MAÎTRESSES ET SORTENT DANS LES GRANDS RESTAURANTS ...
ILS VOYAGENT DANS LE MONDE ENTIER, S'HABILLENT AUTREMENT. TOUT CHANGE ...
IMPERIAL HOTEL
CES GENS-LÀ, VOUS LEUR DITES : "SI VOUS PERDEZ LES ÉLECTIONS, VOUS ALLEZ REPRENDRE VOTRE PETIT POSTE ..."
EH BIEN, ILS ONT UN PEU DE MAL ! ILS SONT PRIS DANS CET ENGRENAGE, LÀ AUSSI ...
MON MARI ÉTAIT VRAIMENT TRÈS FORT POUR EMBOBINER LES HOMMES DANS CETTE SITUATION ...
C'ÉTAIT SON BOULOT, IL ÉTAIT PAYÉ POUR ÇA ...
J'AI TOUTES LES PREUVES !

QU'EST-CE QUE ÇA A CHANGÉ, LES NOUVELLES LOIS ?
RIEN DU TOUT !!!
VOUS ÊTES OBLIGÉ DE PAYER DES AVOCATS, DE CRÉER DES SOCIÉTÉS, DES CIRCUITS ...
TOUS CES INTERMÉDIAIRES QUI SONT DANS CES CIRCUITS, IL FAUT BIEN LES PAYER ...
... DONC C'EST DE L'ARGENT QUI COÛTE PLUS CHER !!!
DONC, S'IL COÛTE PLUS CHER À NOTRE ENTREPRISE ...
... IL COÛTE PLUS CHER AU CONTRIBUABLE.
LE TEMPS DES PACARY EST RÉVOLU !!!
MAINTENANT, TOUT LE MONDE TRAVAILLE AVEC L'ÉTRANGER ...
LA SUISSE, LE LUXEMBOURG, LES OFF SHORE ...
ON NE SAIT MÊME PLUS QUI PAIE ...

LE GENRE D'HOMME QUI ENCAISSE DE L'ARGENT, PORTE DES VALISES ET PUIS DONT ON N'ENTEND PLUS JAMAIS PARLER ...
C'EST UN TEMPS COMPLÈTEMENT RÉVOLU !
NOUS SERVONS DE DERNIERS FUSIBLES ...
ON NE CORROMPT PLUS DE LA MÊME FAÇON ...
L'ACHAT D'INFLUENCE ATTEINT DES PROPORTIONS DANGEREUSES ...
MOINS ON EN PARLE, PLUS LE PHÉNOMÈNE SEMBLE DISPARAÎTRE ...
PLUS IL EST PRÉSENT !
DES RÉSEAUX DE DÉCISIONS PARALLÈLES PRENNENT PLACE DANS LE CORPS DE LA DÉMOCRATIE ...
ET FINISSENT PAR LE CONTRÔLER !
VOUS EXAGÉREZ UN PEU, NON ?
ALORS, QUOI ?!?
ALORS ?
ON LE FAIT, CE LIVRE ?

OUI, JE SAIS ! VOUS VOUS DEMANDEZ SI JE FABULE !?!
EH BIEN, VOUS ALLEZ VOIR ...
TOUT EST LÀ-DEDANS !
TENEZ, LISEZ !
C'EST À VOUS DE JOUER, M. ROBERT ...
... PARCE QUE MOI ...
BON ! ELLE PÈSE 1 TONNE CETTE VALISE ...
MAIS ÇA INTÉRESSE QUI CE GENRE D'HISTOIRE ?!?
UNE VIEILLE DAME EN TRAIN DE MOURIR ...
NANCY - ME
PFFF...

AVRIL 1997
BRUXELLES
BELGIQUE
CHAPITRE 15
La Machine
à Manger la
Démocratie

INTERDIT À LA VENTE
CADEAU
SIX MOIS APRÈS GENÈVE, LES POLITIQUES ONT MONTRÉ LE BOUT DE LEUR NEZ. ILS NOUS ONT INVITÉS AU PARLEMENT EUROPÉEN POUR UNE GIGANTESQUE SURPRISE-PARTIE...
THE EATER MACHINE

SIÈGE DE LA COMMISSION EUROPÉENNE. BRUXELLES.

CHAQUE ÉTAT OPPOSE AUX DEMANDES D'ENTRAIDE JUDICIAIRE INTERNATIONALE SES PROPRES LOIS ...
LES ORGANISATIONS SE DÉVELOPPENT À UNE VITESSE FULGURANTE DANS LES PAYS DE L'EST ...
COMMISSAIRE VIVIANE REDING REPRÉSENTANT LE LUXEMBOURG
LEUR ARGENT EST RECYCLÉ DANS NOS ÉCONOMIES SANS QUE NOUS AYONS LES MOYENS DE LES DÉTECTER NI D'ENDIGUER CE DÉFERLEMENT.
CES ÉTATS NE PEUVENT PLUS RESTER CALFEUTRÉS DERRIÈRE LEURS FRONTIÈRES ...
L'EUROPE ABRITE DE MULTIPLES PARADIS FISCAUX QUI ASSURENT L'ANONYMAT DE L'ARGENT SALE ET SE FONDENT AVEC L'ARGENT PROPRE ...
LE SECRET BANCAIRE PROTÈGE LES RÉSEAUX CRIMINELS DES REGARDS INDISCRETS, CEUX DES JUGES MAIS ÉGALEMENT CEUX DES MILLIONS DE CHÔMEURS ET DES CENTAINES DE MILLIONS DE CITOYENS DES PAYS DE L'UNION ...

L'ABRI DONNÉ AUX FORTUNES DES DICTATEURS QUI SE NOURRISSENT DE LA MISÈRE DU MONDE. L'AIDE APPORTÉE AUX TRAFIQUANTS D'ARMES ET D'URANIUM ...
LE SECRET GARANTI AUX TERRORISTES, AUX SECTES, AUX PÉDOPHILES, AUX TRAFIQUANTS D'ŒUVRES D'ART ... BREF, À TOUTES LES FORMES DE CRIMINALITÉ INTERNATIONALE !
LE SECRET BANCAIRE EST CERTES NÉCESSAIRE À L'ÉPANOUISSEMENT DU CAPITALISME MAIS IL NE DOIT PAS ASSURER L'IMPUNITÉ DE LA GRANDE DÉLINQUANCE, CAR ALORS, LE MONDE NE DISTINGUERA PLUS L'ÉCONOMIE BLANCHE DE L'ÉCONOMIE NOIRE ...
... MAIS IL SE NOURRIRA D'UNE IMMENSE ÉCONOMIE GRISE OÙ CAPITAUX LÉGAUX ET ILLÉGAUX SERONT MÊLÉS ET OÙ LES STRATÉGIES DES MULTINATIONALES REJOINDRONT CELLES DU CRIME.
DES HOMMES POLITIQUES DE PREMIER PLAN ET DES ENTREPRISES MULTINATIONALES ONT UTILISÉ, NOUS LE SAVONS MAINTENANT, CES MÊMES RÉSEAUX ...
SEULE UNE ACTION IMMÉDIATE PEUT CHANGER LA STATISTIQUE ACTUELLE ET FAIRE ENTRER LA RÉALITÉ, LES ESPOIRS EN LESQUELS LES PEUPLES SONT SUR LE POINT DE NE PLUS CROIRE !
ZZ
JE VOUS REMERCIE !

SYLVAIN LECOU, HAUT-FONCTIONNAIRE CHARGÉ DE LA LUTTE ANTI FRAUDE ...
DANS DIX ANS, ON EN SERA ENCORE LÀ !
C'EST DÉPRIMANT !
VOUS IMAGINEZ CE QUE C'EST DE DEMANDER À DES ÉTATS MEMBRES DES POUVOIRS D'INVESTIGATION POUR ALLER DANS CES ENTREPRISES ... C'EST IMPOSSIBLE !!!
C'EST BIEN CE QUE JE DIS !
QUOI ?
C'EST DÉPRIMANT !!!
LE PARLEMENT EUROPÉEN, C'EST 626 DÉPUTÉS, 3300 FONCTIONNAIRES, 30 SALLES DE RÉUNION, 2600 BUREAUX, UN MILLIARD D'EUROS DE BUDGET, UN IMMEUBLE DE VERRE ET DE BÉTON DONT LA FACTURE A ÉTÉ DE PLUS D'UN MILLIARD D'EUROS.
LE PARLEMENT EUROPÉEN, C'EST UNE ÉNORME MACHINE À DÉVORER LES IDÉES ... ET À ENDORMIR LES HOMMES !

EN SORTANT DE L'HÉMICYCLE, J'AI RENCONTRÉ JEAN DE MAILLARD, UN AMI MAGISTRAT ...
EH ! SALUT, DENIS !
PERSONNE NE SAIT CE QU'EST UN CRIME. CHACUN A SA PROPRE DÉFINITION. C'EST SOCIÉTAL !
JE TE DONNE UN EXEMPLE ...
IL Y A DIX ANS, UN AUTOMOBILISTE AVEC 3 GRAMMES ÉTAIT CONSIDÉRÉ COMME UN FÊTARD ...
AUJOURD'HUI, IL RISQUE LA PRISON.
QUEL RAPPORT AVEC LES AFFAIRES ?!?
EN QUINZE ANS, ON A CONSTRUIT, LE CRIME FINANCIER À PARTIR DE PRESQUE RIEN, TU ME SUIS ?
"WHITE COLLAR CRIME" ?!?
EXACTEMENT ! D'AILLEURS, TU SAIS QUI A INVENTÉ CETTE EXPRESSION DE CRIMINEL EN COL BLANC ?
C'EST EDWIN SUTHERLAND, UN SOCIOLOGUE AMÉRICAIN !?!
C'EST VIEUX, NON ?!?

APRÈS-GUERRE !
AVANT LUI, RIEN NE DÉSIGNAIT LES ACTES DE DÉLINQUANCE COMMIS PAR LES HOMMES POLITIQUES ET LES DIRIGEANTS ÉCONOMIQUES ...
SUTHERLAND A EU UN MAL DE CHIEN À FAIRE PUBLIER SES ÉTUDES ...
SA HIÉRARCHIE LE CUISINAIT SANS CESSE ...
MAIS AUJOURD'HUI, LE G8 MET LA CRIMINALITÉ FINANCIÈRE À SON MENU !
TU Y VOIS DES RAISONS D'ESPÉRER ?
OUI, C'EST UN COMBAT ... UN LONG COMBAT !
... UN TRÈS LONG, MÊME !!!

UNE LUTTE VERS LES SOMMETS SUFFIT À REMPLIR LE COEUR D'UN HOMME.
ALBERT CAMUS
CHAPITRE 16
Les Prolos
JUIN 1997
SAINT-CHAMOND
FRANCE

APRÈS CONSULTATION DU PREMIER MINISTRE, DU PRÉSIDENT DU SÉNAT ET DU PRÉSIDENT DE L'ASSEMBLÉE NATIONALE, J'AI DÉCIDÉ DE DISSOUDRE L'ASSEMBLÉE NATIONALE ...
LE DÉCRET FIXANT LA DATE DES ÉLECTIONS LÉGISLATIVES AU 25 MAI ET AU 1ER JUIN SERA PUBLIÉ DEMAIN MATIN.

LA VEILLE DES LÉGISLATIVES, JE SUIS ALLÉ REVOIR SAUVEUR ET MES AMIS DE SAINT-CHAMOND (42). SONT-ILS RÉSIGNÉS, EN COLÈRE, HEUREUX ?

ILS SONT OUVRIERS, ENSEIGNANTS ... ENSEMBLE, ILS ONT DÉCIDÉ DE MONTER UN CINÉ-CLUB EN PLEIN COEUR DE LA VALLÉE DE L'ONDAINE ...

ICI, AU PAYS DU FOREZ, DANS CETTE VALLÉE INDUSTRIELLE ENTRE SAINT-ÉTIENNE ET LYON, 18% DE LA POPULATION EST AU CHÔMAGE ...

ET IL N'Y A PERSONNE POUR INVESTIR ?!?
INVESTIR ?!? QUI VEUX-TU QUI INVESTISSE ICI ? PLUS PERSONNE NE VEUT METTRE UN ROND DANS LE COIN ...
TOUT CE QUI NOUS RESTE, C'EST LE PASSÉ !
VOUS ÊTES SOUDEUR ! VOUS SOUDEZ QUOI ?
N'IMPORT' QUOI ...
ON PEUT TOUT SOUDER ... SAUF LA FRACTURE SOCIALE ...
LE BOULOT EST DE PLUS EN PLUS DUR. MOI, J'AI VÉCU DANS UNE GROSSE BOÎTE TOUTE MA VIE. DÈS QU'IL FAISAIT FROID, LE SYNDICAT INTERVENAIT ...
MAINTENANT, LE SYNDICAT PEUT INTERVENIR, C'EST RIDEAU !!! C'EST DE PLUS EN PLUS DUR, ET EN PLUS, ON N'A AUCUN MOYEN DE SE DÉFENDRE ...
T'AS QUEL ÂGE, TOI ?

MOI, J'AI 52 ANS !
ET LA RETRAITE, C'EST À COMBIEN ?
AVEC TOUS LES GOUVERNEMENTS FLEXIBLES DE GAUCHE ET DE DROITE, QUI SONT EN TRAIN DE RECULER LA RETRAITE, JE L'AURAI À 65 ANS ...
... MAIS JE SERAI SÛREMENT CHÔMEUR AVANT !
DANS UNE BOÎTE QUI FAIT DES BÉNÉFICES ET QUI LICENCIE QUAND MÊME, TU N'AS PLUS AUCUN REPÈRE ...
QUELS REPÈRES TU PEUX AVOIR ?
ACTUELLEMENT, CE QUI ME MANQUE LE PLUS ...
... C'EST DE L'ESPOIR !
LA RÉVOLTE, ILS N'Y CROIENT PLUS DU TOUT ... ILS VONT ESSAYER LE PEN QUI A UN LANGAGE QUI LEUR PLAÎT BIEN ...
ILS VONT SE FAIRE LE PEN ... COMME RÉVOLUTION, C'EST PAS MAL !?!

UNE DEVINETTE, LES AMIS !
QUI A DIT QUE "LE CAPITALISME EST UN RACKET LÉGITIME ORGANISÉ PAR LA CLASSE DOMINANTE" ?
MARX ?
LÉNINE !!!
GEORGES MARCHAIS ?!?
NON ! UN ITALIEN D'ORIGINE SICILIENNE ... VOUS VOYEZ PAS ?!?
C'EST AL CAPONE !!!
CAPONE, MARX, LÉNINE ... MÊME COMBAT !
HAHA HA HAHAH
POURQUOI TU FAIS ÇA ?!?
FAIS QUOI ?
LE FILM, LES ENQUÊTES, LES AFFAIRES, TOUT ÇA ...
JE SAIS PAS ... ÇA M'AIDE À VIVRE.
ET T'EN AS JAMAIS MARRE ?

T'ES UN PEU COMME ... EUH ... COMMENT QU'IL S'APPELLE DÉJÀ LE GARS QUI PORTE SON BOULET EN HAUT DE LA MONTAGNE ?
... ET PUIS QUI LE LAISSE TOMBER ?!?
SISYPHE !
ROGER SISYPHE !?!
HA HA HA HA HA HA
OUAIS ! J'AI PAS MAL RÉFLÉCHI À TOUT ÇA ...
IL Y A UN BOUQUIN D'ALBERT CAMUS QUE J'AVAIS LU AU LYCÉE ...
IL EXPLIQUE QUE SISYPHE EST UN HOMME HEUREUX ...
... QUE FACE À L'ABSURDITÉ, LA RÉVOLTE EST UN BON MOTEUR !
OUAIS !!!

ÇA NOUS A FAIT PLAISIR DE TE REVOIR !!!
SURTOUT LÂCHE PAS LE MORCEAU !
À BIENTÔT !
SALUT !!!
METAL

RESTE À VOIR QUI SE PRENDRA LE BOULET SUR LA GUEULE ...
CINE CLUB

JUIN 1997
PARIS
METZ
FRANCE
CHAPITRE 17
Poussière
de Chantal

EXCUSE-MOI MAIS JE NE RENTRE PAS TOUT DE SUITE ! J'AI RENDEZ-VOUS À PARIS AVEC CHANTAL ...
TU SAIS, CETTE FEMME AVEC QUI JE DOIS FAIRE UN LIVRE ...
OUI, JUSTE APRÈS ... PROMIS !!!

PARIS - PORTE D'IVRY - QUELQUES HEURES PLUS TARD ...

VOUS AVEZ LU LE DOSSIER QUE JE VOUS AI DONNÉ ?
OUI ! ET LA RÉALITÉ DÉPASSE DE TRÈS LOIN LA FICTION, MAIS ...
MAIS QUOI ?
C'EST VACHEMENT DIFFAMATOIRE. ON VA SE PRENDRE UN PROCÈS À CHAQUE PAGE ...
VOUS SAVEZ, MOI, LES PROCÈS ...
JE VAIS FAIRE UN ROMAN ET VOUS EN SEREZ L'HÉROÏNE ...
SANTÉ !
JE DOIS JUSTE FAIRE UN SAUT AU LUXEMBOURG ...
JE TE PROMETS QUE JE RENTRE APRÈS ... ALLEZ, FAIS PAS LA GUEULE !
JE TERMINE LE FILM ET JE M'OCCUPE DE TOI ... DE TOUT LE MONDE ... PROMIS !!!
JE FERAI LA CUISINE ... LES COURSES, AUSSI ... OUI, JE FERAI TOUT !!!

LUXEMBOURG-VILLE.
BONJOUR ! JE M'APPELLE MARCO MART !
JE SUIS CONTENT DE VOUS VOIR ...
MON ONCLE EST L'ADMINISTRATEUR DES COMPTES DU GRAND DUC ...
IL EST AUSSI LE PRÉSIDENT DE LA BANQUE GÉNÉRALE DE LUXEMBOURG ...
IL S'EST BATTU AVEC MON PÈRE, QUI ÉTAIT DÉPUTÉ ...
JE VAIS VOUS EXPLIQUER. MON PAYS EST TRÈS SPÉCIAL ...
SOIT VOUS ÊTES COMPLICE DE LEURS MAGOUILLES ...
... SOIT VOUS ÊTES UN PARIA !
JE SUIS UN PARIA, MAIS JE M'EN PORTE BIEN ... ENFIN, RELATIVEMENT BIEN ...
VOUS SAVEZ, ICI, TOUT SE TIENT ...

TOUT EST AUX MAINS DES BANQUES ET DES BANQUIERS ...
JE VAIS VOUS EXPLIQUER !
VOUS ALLEZ VOIR ...
... UNE FOIS QUE VOUS AUREZ INTÉGRÉ LE SYSTÈME DU LUXEMBOURG ...

... ET SURTOUT DES RÉSEAUX FINANCIERS QUI Y PASSENT ...
... VOUS AUREZ UNE VISION ASSEZ JUSTE DU FONCTIONNEMENT DE LA PLANÈTE !

C'EST UNE HISTOIRE DE LAPINS, DE CHIENS ET DE DINGOS. ÇA SE PASSE EN AUSTRALIE ...
AVANT L'ARRIVÉE DES DINGOS, LES CHIENS VIVAIENT PEINARDS.
LA POPULATION DE LAPINS SUFFISAIT LARGEMENT À NOURRIR CELLE DES CHIENS ...
ET PUIS, LES DINGOS SONT ARRIVÉS DANS LE PAYS CLANDESTINEMENT ...
METZ
CENTRE
PLUS RAPIDES QUE LES CHIENS, ILS ONT FAIT UN CARTON CHEZ LES LAPINS ...
LES CHIENS N'ONT ABSOLUMENT RIEN VU VENIR MAIS LES LAPINS, EUX, SE SONT ADAPTÉS ...
ILS ONT DÉVELOPPÉ LEURS PATTES ARRIÈRE, ET SE SONT MIS À GRIMPER AUX ARBRES ...
ILS SONT DEVENUS INSAISISSABLES POUR CES PAUVRES CHIENS ...
NE POUVANT PLUS TROUVER DE QUOI SE NOURRIR, ILS ONT PEU À PEU DISPARU ...

AVANT, L'ÉTAT DE NOS ÉLITES DOMINAIT LE PEUPLE EN TOUTE TRANQUILLITÉ ...
AUJOURD'HUI, CES MAÎTRES D'UN AUTRE TEMPS PEUVENT CONTINUER À FAIRE COMME SI NOS FRONTIÈRES ÉTAIENT PROTECTRICES ...
ILS NE SAVENT PAS À QUEL POINT ELLES SONT ASPHYXIANTES ...
ILS NE SAVENT PAS À QUEL POINT ILS SONT DÉJÀ MORTS ...
... DANS LE MONDE QU'ILS NOUS PRÉPARENT, ILS NE SERONT PLUS ...
... LES TIMIDES EFFORTS DES JUGES NE PEUVENT QUE RETARDER L'ÉCHÉANCE. LEUR SOUVERAINETÉ NATIONALE NE PROTÈGE QUE LES VOLEURS DE DÉMOCRATIE ...
... CES NOUVEAUX PRÉDATEURS À L'ESPRIT VIF ET AUX MODEMS PUISSANTS ...
... MES CHERS COMPATRIOTES, EN CE 31 DÉCEMBRE, JE VOUS SOUHAITE DE TOUT COEUR, UNE BONNE ET HEUREUSE ANNÉE. VIVE LA RÉPUBLIQUE ET VIVE LA FRANCE.
C'EST UN PEU TRISTE COMME CHUTE ...
AH BON ! TU TROUVES ?

UNE FOIS LE FILM MONTÉ, J'AI RÉUSSI À BOUCLER LE LIVRE SUR CHANTAL ...
ÇA VA, CHANTAL ? JE PEUX VOUS LIRE ?
OUI, ALLEZ-Y !
J'AI PRESQUE FINI ...
JE SUIS CONTENTE QUE VOUS AYEZ GARDÉ LE PASSAGE OÙ MON MARI A MANŒUVRÉ DANS L'OMBRE POUR FAIRE PASSER LA LOI D'AMNISTIE ...
VOUS ME RAPPELEZ LE NOM DU TYPE QUI VOULAIT VOUS ACHETER !?!
AMBROSINI*... IL VOULAIT QUE J'AILLE DIRE À LA JUGE QUE MON MARI ÉTAIT FOU. EN CONTREPARTIE, J'AURAIS EU DROIT À UNE PENSION ET MON LOYER PAYÉ ...
C'EST VRAIMENT DÉGUEULASSE !!!
ILS NE PRENAIENT PAS UN GROS RISQUE. ILS SAVAIENT BIEN QUE J'ALLAIS MOURIR ...
MAIS NON, CHANTAL !
MAIS SI !

*PSEUDONYME.

LE 3 OCTOBRE 1998, À 6 HEURES DU MATIN, L'INFIRMIÈRE DE GARDE DU CENTRE ANTICANCÉREUX DE CHARTRES L'A RETROUVÉE MORTE, ÉTENDUE AU PIED DE SON LIT ...
SES CACHETS ÉTAIENT ÉPARPILLÉS SOUS SON OREILLER. CHANTAL N'EN POUVAIT PLUS DE SOUFFRIR ...
LA DERNIÈRE FOIS QUE J'AI VU CHANTAL, C'ÉTAIT DANS UNE URNE FUNÉRAIRE ...
SA SOEUR AVAIT FAIT UN CROCHET APRÈS LA CRÉMATION ...
C'EST TERRIBLEMENT INJUSTE !
OUAIS !
ELLE N'AVAIT PLUS LA FORCE DE SE BATTRE, ELLE ÉTAIT CASSÉE DE PARTOUT ...
ELLE VOULAIT S'ABSENTER ...
ELLE GARDERA DU MONDE UNE IMAGE DÉSESPÉRANTE ...

LE LIVRE EST SORTI DEUX MOIS SEULEMENT APRÈS SA MORT.
LE TITRE "TOUT VA BIEN PUISQUE NOUS SOMMES EN VIE" SONNAIT ÉTRANGEMENT SOUDAIN ...
Self Service
C'ÉTAIT UNE CONCLUSION TRAGIQUE. J'AVAIS ENVIE DE TOUT ARRÊTER ...
IL ME RESTAIT UN DERNIER RENDEZ-VOUS. MARCO VOULAIT ME VOIR À LUXEMBOURG ...
J'AI FAILLI NE PAS Y ALLER ... MAIS MARCO INSISTAIT POUR ME PRÉSENTER UN NOUVEL INFORMATEUR.
CE MEC AVAIT BOSSÉ PENDANT PAS MAL DE TEMPS DANS UNE BOÎTE ÉNORME ...
UNE SORTE DE BANQUE DES BANQUES ...
T'ES SÛR, MARCO ?!?
J'AURAIS ÉTÉ CON DE NE PAS Y ALLER !?!
OUI ! TU VOIS LE TYPE ... ÇA NE COÛTE RIEN !
MAIS, EN MÊME TEMPS, J'AURAIS ÉTÉ PLUS PEINARD.

JE N'AURAIS PAS EU SUR LE DOS ...
V
UN ANCIEN PREMIER MINISTRE
R
UN PRÉSIDENT DE LA RÉPUBLIQUE
A
UN FUTUR PRÉSIDENT
V
DES JUGES
DES BARBOUZES
DES HUISSIERS
V
LES SERVICES SECRETS
DES MARCHANDS D'ARMES
MES COPAINS JOURNALISTES
V
JOKER
UNE MULTINATIONALE
D
MA FEMME ...

LA VIE TIENT À PEU DE CHOSES, DES DÉTAILS ...

ROBERT + LINDINGRE + ASTIER 08

FIN DE LA PREMIÈRE PARTIE ...

Remerciements

À mon ami Thomas Clément,
frère de crayon parti trop vite la dernière fois.
Merci à mes amis du comité sans qui...
Denis Robert

À Gabriel. À celle que j'aime. À ceux qui m'aiment.
À Philippe pour ses "talents d'entremetteuse et de marieuse".
À mes deux coéquipiers pour m'avoir offert un diamant brut
que j'ai pu tailler à ma guise. Pour la vérité et la beauté du geste.
Laurent Astier

Pour Thomas.
Philippe Ostermann
et les éditions Dargaud

http://lesoutien.blogspot.com

PREMIÈRE ÉDITION EN 2009
Conception graphique Philippe Ravon

Dépôt légal : février 2010 • ISBN 978-2205-06188-8
Imprimé en France par Loire Offset Titoulet — Saint-Étienne